KURT LEWIN

editiongpunkt.de
berliner-gestaltsalon.de

Stefan Blankertz | 1956 | »Wortmetz« | Lyrik und Politik
für Toleranz und gegen Gewalt.

STEFAN BLANKERTZ

Kurt Lewins
Kritik der Ganzheit

Schriftenreihe
Berliner Gestaltsalon
edition g.
403

ORIGINALAUSGABE
403 edition g.

2. erweiterte Auflage 2020
Korrekturen 2024

Verlag: BoD · Books on Demand GmbH,
In de Tarpen 42, 22848 Norderstedt

Druck: Libri Plureos GmbH,
Friedensallee 273, 22763 Hamburg

© 2017, 2020, 2024 Stefan Blankertz
ORCID-iD: 0009-0009-0352-548X
editiongpunkt.de

ISBN 978-3-7519-0802-3

INHALT

¿ZUGESCHRIEBEN?

1

»There is nothing so practical as a good theory.«
Kurt Lewin, 1944[204]

2

»The ›reality‹ of that to which the concept refers is established by ›doing something with‹ rather than ›looking at‹, and this reality is independent of certain ›subjective‹ elements of classification. [...] Individual perception or ›fact-finding‹ [...] is linked with individual action or group action in such a way that the content of the perception or fact-finding depends upon the way in which the situation is changed by action. The result [...] in turn influences or steers action.«
Kurt Lewin, 1947[205]

204 Kurt Lewin, *Problems of Research in Social Psychology* (1943-44), in: ders, *Field Theory in Social Science*, S. 169; dt. S. 205, auch in: KLW 4, S. 234 (zu den genaueren Literaturangaben vgl. unten S. 137ff). »Nichts [ist] so praktisch wie eine gute Theorie.« Vorsichtige Leute sagen, der Satz werde Lewin »zugeschrieben«. Offensichtlich *hat* er ihn geschrieben.
205 Kurt Lewin, *Frontiers in Group Dynamics* (1947), in: ebd., S. 193 resp. S. 199; dt. S. 228 resp. S. 233f, auch in der KLW 4, S. 242 resp. S. 248. »Die ›Wirklichkeit‹ dessen, worauf sich der Begriff bezieht, ist dadurch gegeben, dass ›man etwas damit tut‹, und nicht dadurch, dass man es ›anschaut‹. Diese Wirklichkeit ist von gewissen ›subjektiven‹ Elementen der Klassifikation frei. [...] Die individuelle Wahrnehmung oder das ›Finden von Tatsachen‹ [...] ist mit einer individuellen Handlung oder mit einer Handlung der Gruppe derart verbunden, dass der Inhalt der Wahrnehmung oder der ›gefundenen Tatsachen‹ von der Art und Weise abhängt, wie die Situation durch die Handlung verändert wird. Die gefundenen Tatsachen beeinflussen oder steuern ihrerseits wiederum die Handlung.« Das ist die Formulierung, die der Lewin zugeschriebenen »if you want truly to understand something, try to change it« am nächsten kommt. Manchmal gibt es Quellenhinweise, aber sie sind kryptisch und nicht nachvollziehbar.

VORANGESTELLT

I

»Wer diesen Band studiert und dessen Erkenntnisse verbreitet, der übt bereits ›action‹ in einem guten Sinne aus.«
Max Horkheimer, 1953[001]

2

»Für den experimentellen Forscher besteht eine in einem gewissen Sinne verwandte Spannung wie sie *Kierkegaard* auf einem ganz anderen Gebiete, nämlich vom religiösen Menschen beschreibt, die Spannung dessen, der ganz im Glauben und doch zugleich ganz in der erdgebundenen Wirklichkeit lebt. (Er spricht von dem Glauben an das Wunder, der zugleich ganz diesseitig ist, einem Glauben, der sich eigentlich selbst aufheben müsste, aber doch besteht.)[002]

001 Max Horkheimer im Vorwort zu Kurt Lewin, *Die Lösung sozialer Konflikte*, Bad Nauheim 1953, S. 8 (deutsche Übersetzung von *Resolving Social Conflicts*, posthum hg. von Gertrud Weiss Lewin, New York 1948). Mit »action« verweist Horkheimer, natürlich, auf Lewins »action research«, deutsch zunächst mit »Tat-Forschung«, später mit »Aktions-« oder »Handlungsforschung« wiedergegeben. – Zum Verhältnis Adorno-Horkheimer-Lewin vgl. unten S. 99f.

002 Søren Kierkegaard (1813-1855). Der Hinweis ist so allgemein, dass ich keine genau passende Stelle finden konnte. Der nicht ganz gewöhnliche Begriff »erdgebunden«, den Lewin weiter unten aufnimmt, ließ sich bei Kierkegaard nicht nachweisen. Kierkegaards Dialektik, wie Lewin sie hier anspricht, sei mit folgender Passage von 1846 illustriert: Der Christ »kann sehr wohl Verstand haben (ja, er muss ihn natürlich haben, um gegen den Verstand zu glauben), er kann ihn in allen anderen Verhältnissen, kann ihn im Umgang mit anderen gebrauchen [...], denn sonst würde ja ein höherer Verstand in bedenklicher Weise ein zweideutiges Avancement für Quatsch und Nonsens werden. Wie leicht, von der mühsamen Aufgabe, seinen Verstand zu entwickeln und zu schärfen, abzuspringen, um sich dann einen höheren Hoppsassa [sic] zu erlauben und sich gegen jede Bezichtigung mit

Auch für den Forscher besteht eine starke, wenn auch natürlich in vielem anders strukturierte, aber doch letzten Endes paradoxe und unlösbare Spannung; eine Spannung, deren Fruchtbarkeit davon abhängt, wie ernst an ihrer Lösung gearbeitet, wie vollkommen sie also als wirklich konkrete hic et nunc angreifbare und zu bewältigende Aufgabe erlebt wird.

Er muss einerseits ganz von der Theorie geleitet werden, ohne die alles experimentelle Tun blind und sinnlos ist und von deren Weite und Kraft die Bedeutung seiner Experimente abhängt. Das Vorwärtsschreiten in dieser theoretischen Sphäre zu immer tiefer und zentraler liegenden Punkten, von denen aus prinzipielle, die Totalität des Psychischen umfassende Ansätze möglich werden, bildet die entscheidende Bewegung seines Forschens; diese Sphäre ist die eigentliche Welt, die es zu gestalten gilt. Von hier aus gesehen hat jeder konkrete Einzelfall, dem der Forscher begegnet, nur eine *beispielhafte* Bedeutung und erscheint seinem eigentlichen theoretischen Gehalt nach letzten Endes problematisch und fragwürdig.

Andererseits will der experimentelle Forscher die Richtigkeit seiner Theorie am Experiment erweisen, d. h. an einem vollkommen konkreten, in einem bestimmten Zeitmoment, an einem bestimmten Menschen und einer bestimmten Umgebung sich vollziehenden psychischen Ereignis. Er muss die Brücke schlagen von der Theorie zu der vollen Wirklichkeit

der Bemerkung zu wehren: das sei ein höherer Verstand. Der glaubende Christ hat also Verstand und gebraucht ihn, respektiert das Allgemein-Menschliche, erklärt es nicht aus Mangel an Verstand, wenn jemand nicht Christ wird, aber im Verhältnis zum Christentum glaubt er wider den Verstand und braucht auch hier den Verstand – um aufzupassen, dass er wider den Verstand glaubt. Nonsens kann er deshalb wider den Verstand nicht glauben [...], denn der Verstand wird eben durchschauen, dass es Nonsens ist und ihn daran hindern, es zu glauben; er gebraucht aber den Verstand so weit, dass er durch ihn auf das Unverständliche aufmerksam wird und nun verhält er sich, wider den Verstand glaubend, zu diesem.« Zitiert nach den *Philosophischen Brosamen*, München 2005, S. 773 f.

des Einzelfalles, der ja immer auch ein historisch einmaliges, nicht wiederkehrendes Faktum mit all der lebendigen Fülle seiner Eigenschaften und Bindungen darstellt, und zwar auch dann, wenn es von der Theorie her zunächst nur auf eine ganz bestimmte Seite an diesem Vorgang ankommt. Diese konkreten Sachverhalte, deren Position als Experiment der Forscher anerkennt, begegnen ihm nicht mit dem Habitus von etwas seinem theoretischen Gehalt nach Mehrdeutigen, irgendwie Problematischen, innerlich Unsicheren. Sondern sie treten ihm mit den Forderungen eines unerbittlichen Richters über Wahr und Falsch entgegen; sie sind das Forum, vor dem es sich erweisen soll, ob seine theoretischen Ansätze bloße Gespinste waren, wie hundert andere, oder ob sie das Recht einer begründeten Theorie besitzen. Und ein gut Teil von diesem Richteramt breitet sich von den experimentellen Fakten doch auch auf das unendliche Reich der täglichen und alltäglichen kleinen und großen psychischen Ereignisse aus, die irgendwie mit zu umfassen jede Theorie von sich aus beanspruchen muss.

66 Der Forscher muss von der Erkennbarkeit, der Rationalität der unzähligen gleichgültigen und erschütternden, lächerlichen und grandiosen Fakten, mit deren Unfassbarkeit und Unerschöpflichkeit zu ringen sein tägliches Tun ist, auf eine sehr bestimmte handgreifliche Art überzeugt sein. Er muss die Tatsachen und immer wieder *sie* offen und unbeschwert von aller Theorie ansehen und studieren; und muss doch gerade als experimenteller Forscher wissen, dass die Masse der sogenannten Tatsachen nur in ihrer Oberfläche einigermaßen klar und eindeutig, in ihrer Tiefe aber dunkel und meist vieldeutig ist, dass er, auf einige wenige experimentelle Fakten gestützt, mit souveränem Unglauben [wow] und Besserwissen nicht selten einem Heer von alltäglichen >Tatsachen< gegenübertreten darf, die scheinbar eine ganz andere Sprache reden als seine theoretische These, und dass

9

schließlich jeder Schritt vorwärts gebunden bleibt an das Vorwärtskommen in der Sphäre der *Theorie*, an ihren Ausbau zu äußerster begrifflicher Konsequenz, größter Breite und Tiefe.

Diese Kluft zwischen der scheinbar abstrakten Theorie und der erdgebundenen Wirklichkeit des experimentellen Vorganges (die sich in der eben beschriebenen Doppelposition dieses Wirklichen selbst nochmals spiegelt) muss der Forscher in einer dauernden intensiven Spannung zu engster Bindung überbrücken. Er muss seiner Theorie eine Form zu geben vermögen, die in Entscheidungsfragen zwischen ihr und den Gegentheorien einmündet; er muss diese Fragen konkretisieren, derart dass[,] je nachdem, ob die eine oder die andere Theorie richtig ist, eine bestimmte Art von Vorgängen in der einen oder aber der anderen Weise verlaufen würde. Er muss von den solcherart theoretisch bestimmten Vorgangs*typen* vordringen zu bestimmten konkreten Fällen, zu Beispielen, die nicht nur fingiert sind, sondern sich wirklich erzeugen lassen; diese lebendigen Beispiele, die immer auch eine reiche Fülle von durch die Theorie selbst nicht geforderten Eigenschaften besitzen, müssen trotzdem eine ganz eindeutige Beziehung zu den theoretisch wesentlichen Fakten behalten. Und endlich muss der Forscher gegen alle sachlichen und technischen Schwierigkeiten zum Teil äußerlichster Natur solche Fälle wirklich herstellen, ohne wiederum das theoretisch Wesentliche anzutasten oder auch nur zu verschieben.«

Kurt Lewin, 1926[003]

003 Kurt Lewin, *Vorsatz, Wille und Bedürfnis. Mit Vorbemerkungen über die psychischen Kräfte und Energien und die Struktur der Seele*, Berlin 1926, S. 5ff. Die »Vorbemerkungen« sind ungefähr genauso lang wie der Text, dem sie vorangestellt sind. Sie haben eine zentrale Bedeutung für Lewins Theoriebildung und seine Kritik der Ganzheit. Im Folgenden finden sich u. a. ausgewählte Zitate aus ihnen (bezeichnet als *Struktur der Seele*).

KURT LEWINS KRITIK DER GANZHEIT

Feldtheorie gegen Holismus

Der Name »Kurt Lewin« ist allgemein – und unter Gestalttherapeuten ganz besonders – mit dem Begriff der »Feldtheorie« verknüpft. Tatsächlich machte Lewin zwar selber
vom Feldbegriff reichlich Gebrauch, hat ihn in die Psychologie aber weder eingeführt – diese Ehre geht wohl an seinen
Kollegen und Mitstreiter in Sachen »Berliner Schule« der
Gestaltpsychologie Wolfgang Köhler – noch als Marken-
bezeichnung für seinen Ansatz reklamiert. Vielmehr stellte
er seine Überlegungen unter Überschriften wie »(kausal-)
dynamische Theorie«[004] oder – vor allem – »Vektor-« bzw.

004 Gegen jeden holistischen Vereinnahmungsversuch von Lewin sei hier
schon vorab darauf hingewiesen, dass »dynamisch« für Lewin stets und
überall mit »kausal« gleichbedeutend ist. Vgl. Kurt Lewin, *Struktur der
Seele* (1926), vgl. Fn. 3; S. 18 ff fordert Lewin eine Begriffsbildung für die
psychologische Theorie, die er entweder »konditional-genetisch« oder
»kausal-dynamisch« nennt; siehe dazu auf der S. 33: »Zweifellos besteht
in gewissen Sphären, z. B. innerhalb der Motorik eine relativ große Einheitlichkeit. Aber wie hoch immer man den Grad der Einheitlichkeit in einer
seelischen Totalität ansetzen mag: eine entscheidende Voraussetzung für
eine eindringendere psychologische Forschung bleibt die Einsicht, dass
innerhalb der Seele Bereiche von außerordentlich verschieden engem
Zusammenhang bestehen. Nicht ein einziges einheitliches System, sondern
eine große Anzahl solcher ›starken Gestalten‹ sind vorhanden, die zum
Teil in Kommunikation miteinander stehen, also Bestandteile einer umfassenderen ›schwachen Gestalt‹ bilden. Andere seelische Gebilde wiederum zeigen keinen irgendwie nennenswerten realen Zusammenhang. Die
Auffassung der Seele als eines einzigen, in allen Teilen gleichermaßen einheitlichen Ganzen unterscheidet sich von der Auffassung der seelischen
Totalität als eines summativen Inbegriffs von Erlebnissen im Grunde nur
formal durch den Oberbegriff, aber nicht in einer für die Forschung
relevanten Weise. Es gilt demgegenüber die Seele in ihrer natürlichen
Strukturiertheit, also die psychischen Komplexe, Schichten und Sphären
zu erkennen; es gilt festzustellen, wo Ganzheiten vorhanden sind und wo

»topologische Psychologie«.[005] Erst als kurz nach Lewins Tod Dorwin Cartwright[006] einige von dessen bedeutendsten Texten unter dem Titel »*Field Theory in Social Science*« veröffentlichte, ließ dies Kurt Lewin zu *dem* Feldtheoretiker schlechthin werden.

1890 wird Kurt Lewin in Mogilno (damals Preußen, heute Polen) geboren. Seine Mutter und sein Vater sind Juden. Ab 1905 lebt die Familie in Berlin. Er beginnt 1909, in München Medizin zu studieren, wechselt dann aber nach Berlin und studiert bei Carl Stumpf,[007] der die Fächer Philosophie und Psychologie vertritt. Ein weiterer akademischer Lehrer mit Einfluss auf Lewin ist der Neukantianer Ernst Cassirer.[008] Bei Ausbruch des Weltkriegs 1914 meldet Lewin sich freiwillig zum Wehrdienst, promoviert jedoch nebenher 1916 und heiratet 1918 Maria Landsberg. Im gleichen Jahr wird

nicht.« Und auf der S. 37 sagt er, »dass es für die Erforschung der kausalen Verhältnisse und dynamischen Beziehungen notwendig ist, besonders die seelischen Spannungen und Energiequellen zu beachten. Diese seelischen Spannungen und Energien gehören Systemen an, die in sich dynamische Einheiten darstellen und eine höhere oder geringere Abgeschlossenheit zeigen. Für das seelische Geschehen, den Ausgleich seelischer Spannungen und den Abfluss seelischer Energien ist daher die Struktur des betreffenden dynamischen Systems, das Vorhandensein starker und schwacher Kommunikationen, sowie das Fehlen der Kommunikation mit verschiedenen anderen seelischen Systemen, sowie jede Verschiebung in diesen Grenzverhältnissen von größter Bedeutung.« Unterdessen versucht z. B. Gordon Wheeler (in: *Jenseits des Individualismus* [2000], Kassel 2019, S. 187 sowie S. 237), den Feldbegriff gegen die Kausalität in Stellung zu bringen.

005 Zur Darstellung vgl. unten S. 71 ff (Topologie), S. 76 ff (Hodologie).

006 Dorwin Cartwright (1915-2008), US-amerikanischer Psychologe und Gruppendynamiker, Post-Doc-Schüler und Mitarbeiter von Lewin in den 1940er Jahren.

007 Carl Stumpf, 1848-1936. Neben Lewin zählen die Gestaltpsychologen Max Wertheimer, Kurt Koffka und Wolfgang Köhler zu seinen Schülern, außerdem der österreichische Schriftsteller Robert Musil. Darüber hinaus beeinflusst Stumpf unter anderen auch den Begründer der Phänomenologie Edmund Husserl.

008 Ernst A. Cassirer, 1874-1945. Er gehört der »Marburger Schule« des Neukantianismus an und hat die Naturwissenschaft erkenntnistheoretisch fundiert sowie eine Kulturphilosophie entwickelt, in welcher der Begriff der »symbolischen Formen« eine zentrale Rolle spielt.

er schwer verwundet. Sein jüngerer Bruder Fritz fällt. Nach Kriegsende lehrt und forscht Lewin als Privatdozent am Berliner Institut. Der Umgang mit den Studenten ist unterstützend und großzügig.[009] Ende der 1920er Jahre lässt sich Lewin scheiden[010] und heiratet Gertrud Weiß.[011] Aus seinen beiden Ehen gehen je zwei Kinder hervor. Als den Nationalsozialisten in Deutschland die Macht übergeben wird,[012] emigriert Lewins erste Frau mit den Kindern nach Palästina. Lewin hat zu der Zeit eine Gastprofessur in den USA inne und beschließt schweren Herzens, Deutschland den Rücken zu kehren.[013]

Zunehmend finden das experimentelle Herangehen und die Gestalttheorie Lewins ebenso wie die Wolfgang Köhlers,[014] Kurt Koffkas[015] und Kurt Goldsteins[016] akademisches Interesse in den USA. In Deutschland hatte Lewin unter dem nur

009 Vgl. Alfred J. Marrow, *Kurt Lewin* (1969), Stuttgart 1977, S. 33 ff. Der Autor, der selber bei Lewin während dessen US-amerikanischen Jahren studierte (vgl. S. 12f), hat für diese Biografie eine Reihe von Schülern und anderen Zeitzeugen interviewt (vgl. S. 11).
010 1927. Kinder: Esther Agnes (*1919) und Fritz Reuven (*1922). Die weiteren Lebensdaten konnte ich nicht ermitteln.
011 1896-1987. Heirat 1929. Ihre Kinder: Miriam Anna (1931-2014) und Daniel (1933-1969). – Miriam wurde ebenfalls Psychologieprofessorin.
012 Der übliche Begriff der »Machtergreifung« ist eine Selbststilisierung der Nationalsozialisten, die als Euphemismus von den Demokraten gar zu gern übernommen und konserviert wurde. Vgl. dazu Stefan Blankertz, *Die Katastrophe der Befreiung: Faschismus und Demokratie*, Berlin 2015, S. 85ff.
013 Er wisse, dass mit der Entscheidung zur Emigration sein Leben »entzweigerissen« werde, schreibt Lewin in einem Brief an Wolfgang Köhler, datiert auf den 20. Mai 1933, der Köhler freilich nie erreicht; in: Psychologie Heute, Juni 1981, S. 56; englisch in: Ludy T. Benjamin, Jr. (Hg.), *A History of Psychology in Letters* (1993), Malden, MA 2006, S. 176. Köhler, selbst kein Jude, ist übrigens der einzige deutsche Hochschulprofessor der Psychologie, der 1933 öffentlich gegen die Entlassung jüdischer Kollegen protestiert. Lewins Briefentwurf klingt, als habe Köhler versucht, ihn davon abzuhalten, ins Exil zu gehen (oder Lewin jedenfalls einen solchen Versuch von Köhlers Seite her projiziert). Doch schon 1935 muss dieser jenem in die USA folgen, da die Lage in Deutschland aussichtslos geworden ist.
014 Wolfgang Köhler, 1887-1967.
015 Kurt Koffka, 1886-1941.
016 Kurt Goldstein, 1878-1965. Mit Goldstein, der in Frankfurt am Main

drei Jahre älteren Köhler, der das Berliner Institut ab dem Ausscheiden Carl Stumpfs 1922 leitet, gearbeitet; zugleich sind die Familien miteinander befreundet. Einer der berühmten Filme, an denen Lewin seine Vektorpsychologie demonstriert, zeigt – vermutlich – die zweijährige Tochter Köhlers, Karin, beim Erkunden des Treppensteigens und Ballspiels.[017] In den USA behält Lewin seine Hochachtung für Köhler bei, doch scheint es zu einer Abkühlung des per-

und dann während des Exils in Amsterdam, Cambridge (USA), Boston und New York forscht und lehrt, scheint Lewin kaum einen, jedenfalls keinen intensiveren persönlichen Umgang gepflegt zu haben. Vgl. einen Brief von Wilhelm Benary an Wolfgang Köhler, datiert auf den 18. 4. 1929. Benary informiert Köhler über eine gemeinsam mit Lewin besuchte Tagung in Wien, an der auch Goldstein teilnahm, und äußert sich etwas abfällig über Goldstein: »Leider sprach auch Goldstein, wieder über ›Wesentliches‹; er hat zuviel davon auf Lager.« Zwischen den Zeilen lese ich, dass Lewin eher zur Einschätzung Benarys tendiert und sich jedenfalls weniger mit Goldstein gemein macht (in: Jürgen Court und Jan-Peters Janssen, *Wilhelm Benary: Leben u. Werk*, Lengerich 2003, S. 67ff). Die positive Einschätzung des Verhältnisses von Goldstein und Lewin durch Lewins Schülerin Bluma Zeigarnik (Andrzej Gołąb, *Erinnerungen an Kurt Lewin: Ein Interview mit Bluma Zeigarnik*, in: Gruppendynamik, 15. Jg., Nr. 1 [1984], S. 105) krankt daran, dass sie Goldstein fälschlich Leiter der Berliner Charité nennt und ist darum unzuverlässig (Thomas Hoffmann, *Psychische Räume abbilden: Kurt Lewins topologische Psychologie und ihr Beitrag zu einer dynamischen Theorie geistiger Behinderung*, in: Frank Stahnisch und Heijko Bauer [Hg.], *Bild und Gestalt: Wie formen Medienpraktiken das Wissen in Medizin und Humanwissenschaften?*, Berlin 2007, S. 76, Fn. 3, bemerkt dies, folgt dann aber dennoch ihrer Einschätzung). Goldstein ist übrigens Cousin von Ernst Cassirer. – Zwischen 1926 und 1928 arbeitet Fritz Perls (1893-1970) als Assistent bei Goldstein; vgl. Bernd Bocian, *Fritz Perls in Berlin 1893-1933: Expressionismus – Psychoanalyse – Judentum*, Wuppertal 2007, S. 90. Nach seiner Emigration nimmt Goldstein bei Paul Goodman (1911-1972) Englischunterricht; vgl. Taylor Stoehr, *Here, Now, Next: Paul Goodman and the Origins of Gestalt Therapy*, San Francisco 1994, S. 99. Goldstein versteht sich, wohlgemerkt, *nicht* als Gestaltpsychologe (vgl. Frank-M. Staemmler, *Babylonische Sprachverwirrung? Über die vielfältigen Verwendungen und Bedeutungen des Feldbegriffs*, in: Gestalttherapie, 20. Jg., Nr. 2, 2006, S. 48f). Zu einer Vermutung über den inhaltlichen Aspekt der Differenz zwischen Lewin und Goldstein vgl. unten Fn. 156 (S. 91).
017 Dokumentiert auf der DVD der Fernuniversität Hagen, die dem Buch Kurt Lewin, *Schriften zur angewandten Psychologie*, hg. v. Helmut E. Lück, Wien 2007, beiliegt, Kapitel »Aufforderungscharakter«.

sönlichen Verhältnisses gekommen zu sein. Seinem Buch »*Principles of Topological Psychology*« stellt er als Einleitung einen fiktiven Brief an Köhler voran, beginnend mit »Dear Köhler«, in welchem er dann aber in recht unpersönlichem Ton von der Entstehung der Gedanken berichtet, wie wenn Köhler Lewin darin nicht jahrelang begleitet hätte und wie wenn Lewin Köhler um Verständnis bitten wollte. Am Ende des Briefes widmet er das Buch dann überraschenderweise nicht etwa Köhler, sondern seinen Schülern in Iowa, wo er hoffe, dass »neue produktive Gemeinschaften entstehen« werden; Gemeinschaften, denen Köhler offenbar nicht mehr angehört. ¿Eine Art Abschied?

Mehrere wesentliche Essays von Lewin werden ins Englische übersetzt. Seine in deutsch begonnenen »*Grundzüge der topologischen Psychologie*« arbeitet Lewin ins Englische um, die deutsche Fassung erscheint erst 1969. Als zweiten Teil dieser Schrift verfasst er »*The Conceptual Representation and the Measurement of Psychological Factors*« (1938), die vielleicht am wenigsten rezipierte Schrift Lewins, zugleich ist sie allerdings als bedeutungsvoll einzuschätzen. Zunehmend widmet Lewin sich Fragen der angewandten Sozialpsychologie. Teils nehmen seine Überlegungen gar sozialtechnokratischen Charakter an, so, wenn es um die Planung und Steuerung von Verhaltensänderungen bei Gruppen geht.[018] Doch auch diese Forschungen und Überlegungen sind voll von Einsichten und Anregungen, die erst bruchstückhafte Beachtung fanden, etwa mündeten sie in der »Gruppendynamik« und »Aktions-« bzw. »Handlungsforschung«. Zu der Gruppe von jungen Forschern, die sich in den USA

018 Vgl. z. B. die Kritik von linker, marxistischer Seite bei Mel van Elteren, *Lewinian Social Psychology and Research of the Work Process 1917-47* (1990), als pdf auf der DVD der Fernuniversität Hagen (Fn. 17), S. 8 ff. Oder die ganz ähnlich formulierte auf der rechten, konservativen Seite bei Caspar von Schrenck-Notzing, *Charakterwäsche: Die Re-education der Deutschen und ihre bleibenden Auswirkungen* (1965), Graz 2005, S. 104 ff.

um Lewin scharen, gehört unter anderen auch die berühmte Ethnologin Margaret Mead.[019] 1947 stirbt Kurt Lewin und hinterlässt ein fragmentarisches, an vielen Stellen nicht zuende gedachtes Werk. Sein Einfluss und sein Ansehen sind zunächst noch durch die große Zahl hervorragender Schüler stark, verblassen jedoch zusehends. Psychoanalyse[020] auf der intellektuellen und Behaviorismus auf der experimentellen Seite beherrschen seitdem das Feld. Die Begriffe »Feld« und »Dynamik« haben inzwischen sich völlig losgelöst von Kurt Lewin, wenngleich sie noch auf ihn zurückgeführt werden. Unter »Feld« und »Dynamik« versteht man heute gemeinhin unbestimmte, umfassende »Ganzheiten«, »Holismus«,[021] also einen allseitigen Zusammenhang, der gegen die Kategorie der Kausalität einer dämonisierten »Wissenschaft« zu gebrauchen sei. Geht es demgegenüber um Lewin, so ist für ihn das »Feld« ein klar eingegrenzter Bereich, in dem die Dynamik durch genau bestimmbare Kräfte kausal bewirkt wird – *diesen* Feldbegriff, *diese* Theorie kausal-dynamischer Psychologie im Sinne von Kurt Lewin rekonstruiere ich im Folgenden.

019 Margaret Mead, 1901-1978.
020 Selbstredend nur die Varianten, die den kritischen Geist Freuds ausgetrieben haben.
021 Eine unhinterfragte Gleichsetzung von Lewins Feldbegriff mit Jan Christiaan Smuts' »Holismus« (*Holism and Evolution*, 1926) begegnet in der gestalttherapeutischen Literatur oft, vgl. z.B. Gary Yontef, *Awareness, Dialog, Prozess: Wege zu einer relationalen Gestalttherapie* (1993), Köln 1999, S. 143; Malcolm Parlett, *Feldtheoretische Grundlagen gestalttherapeutischer Praxis* (1997), in: Reinhard Fuhr u. a. (Hg.), *Handbuch der Gestalttherapie*, Göttingen 2001, S. 281; sowie Lotte Hartmann-Kottek, *Gestalttherapie*, Berlin 2004, S. 8f; Mikael Sonne und Jan Toennesvang, *Integrative Gestalt Practice* (2013), London 2015, S. 2. General Smuts (1870-1950) beginnt sein Buch, indem er den Holismus als Faktor »der synthetischen Tendenz des Universums« kennzeichnet (S. V) und beendet es mit einer »Fontäne eines holistischen Befehls« (S. 345). Kaum etwas könnte weiter von Lewin entfernt sein. So auch Frank-M. Staemmler (*Babylonische Sprachverwirrung? Über die vielfältigen Verwendungen und Bedeutungen des Feldbegriffs*, in: Gestalttherapie, 20. Jg., Nr. 2, 2006, S. 51): »Es ist offensichtlich, dass dieses Konzept [von Jan Christiaan Smuts] sich fundamental [...] von Lewins

Die Gesetzmäßigkeit der psychischen Dynamik:
Verhalten, Person und Umwelt als die psychischen Bezugsgrößen

Immer wieder fordert Lewin eine »strenge Gesetzmäßigkeit« in der Psychologie, analog der physikalischen Gesetzmäßigkeit. Als Kantianer verweist er gern auf Galilei und das Gesetz vom freien Fall. Damit spricht er insbesondere sich gegen ein solches statistisches Verfahren aus, das mit Häufigkeiten und Tendenzen »zufrieden« ist. Ausnahmen nicht ernst zu nehmen oder stillschweigend zu übergehen, sei eine Nachlässigkeit, die Neugierde und Erkenntnisgewinn behindern. Lewin nimmt ausdrücklich nicht gegen Empirie im Allgemeinen oder Experimente im Besonderen Stellung, ihm geht es nicht um den Gegensatz zwischen deduktivem oder induktivem Vorgehen in der Forschung und Schlussfolgerung,[022] vielmehr um die Exaktheit bei der Formulierung von Ergebnissen.[023] Auf Gesetze jedoch stoße man in der modernen Physik bekanntlich nicht mit einer Untersuchung statistischer Wiederholungen, sagt Lewin.[024] Obwohl wir inzwischen brav gelernt haben, dass Gleichzeitigkeit und Korrelation keine ursächlichen Zusammen-

Lebensraum [...] unterscheidet. Smuts' Konzept ist kein psychologisches, das den unterschiedlichen ontologischen Status der phänomenalen und der transphänomenalen Welt berücksichtigen würde; es ist eher ein primär undifferenziertes monistisches Konzept.« (Ein Beispiel für derlei holistisches Konzept findet sich Fn. 143 [S. 82]. Vgl. auch die Lewin- und Köhler-Zitate unten S. 105 ff resp. S. 110 ff.)

022 Bei der Definition von der »Feldtheorie« brauche »nicht diskutiert zu werden, inwieweit [sie] analytisch (logisch, a priori) oder empirisch« sei (Kurt Lewin, *Definition des »Feldes zu einer gegebenen Zeit«*, 1943, in: ders., *Feldtheorie in den Sozialwissenschaften*, Bern 2012, S. 88; auch in der KLW, Band 4, S. 135; engl. S. 45).

023 Vgl. z. B. Kurt Lewin, *Struktur der Seele* (1926), vgl. Fn. 3, Zitat S. 18 ff. Ferner ders., *Gesetz und Experiment in der Psychologie* (1927), passim, sowie ders., *Grundzüge der topologischen Psychologie* (1936), Bern 1969, S. 30 ff.

024 Vgl. z. B. Kurt Lewin, *Der Übergang von der aristotelischen zur galileischen Denkweise in Biologie und Psychologie* (1931), in: KLW 1, S. 249-257. »Die Feststellung des Inhaltes der Gesetze kann [in der galileischen Denkweise] nicht mehr auf dem Wege einer Durchschnittsberechnung aus den historisch vorkommenden Fällen gewonnen werden«, ebd., S. 257.

hänge beweisen, gründen nach wie vor wissenschaftliche Argumentationen oft in der statistischen Illusion. In seinem zentralen Text über die »Struktur der Seele« von 1926 führt Lewin dazu aus:

»Eine Voraussetzung zumindest der experimentellen wissen- 66 schaftlichen Psychologie ist die These von der Gesetzlichkeit des Psychischen.

Die These von der strengen Gesetzlichkeit der Gegenstände 66 im Gebiete einer bestimmten Wissenschaft pflegt sich bei den einzelnen Wissenschaften erst allmählich im Verlaufe gewisser typischer Entwicklungsperioden durchzusetzen.«[025] Das gilt auch für die Psychologie. Dabei ist nicht entscheidend, wie sehr die These der Gesetzlichkeit nach außen hin, etwa gegen philosophische Einwände theoretisch verteidigt werden muss. Wichtiger ist es, dass selbst dort, wo der Psychologie-Forscher sich ›prinzipiell‹ auf den Boden dieser These stellt, der faktische Wissenschaftsbetrieb ihr doch nicht folgt.

Man kann die These von der Gesetzlichkeit quantitativ und 66 qualitativ einschränken. Man kann sie z. B. für die Sinneswahrnehmungen und das Gedächtnis gelten lassen, aber für das ›höhere‹ Seelenleben, für Gefühle und Willensentscheidungen oder wenigstens für die lebenswichtigen Entscheidungen ablehnen. Oder aber man schwächt die Gesetzlichkeit ab zu bloßen Regelmäßigkeiten, die z. B. bei Kopfschmerzen nicht gelten sollen. Diese Einstellung hat metho-

025 [Fn. von Lewin:] Lewin, *[Über] Idee und Aufgabe der vergleichenden Wissenschaftslehre* [in: Symposion, Nr. 1, 1925, S. 61-93], Erlangen 1926. [Kurt Lewin Werkausgabe, Band 1: *Wissenschaftstheorie I*, hg. von Alexandre Métraux, Bern und Stuttgart 1981, S. 49-79. Eine These, die Aspekten von Thomas Kuhns Paradigma-Begriff den Weg gewiesen hat. Allerdings findet sie sich in dem hier angegebenen Essay weniger, eher in Lewins Schriften *Der Begriff der Genese in Physik, Biologie und Entwicklungsgeschichte* (1922) und seiner zu Lebzeiten nicht veröffentlichten, unvollendeten »Wissenschaftslehre«, in: Werkausgabe, Band 2: *Wissenschaftstheorie II*, hg. von Alexandre Métraux, Bern und Stuttgart 1983. Vgl. auch unten S. 87ff.]

disch außerordentlich weitreichende Konsequenzen gehabt und z. B. dazu geführt, dass selbst innerhalb der im engeren Sinne experimentellen Methodik das rein statistische Denken eine ungebührlich große Rolle spielt.

Demgegenüber gilt es, der These von der absolut strengen und schlechthin *ausnahmslosen Gültigkeit der psychischen Gesetze* auch in der Forschung zum Durchbruch zu verhelfen. Es könnte zunächst für die Forschung selbst gleichgültig erscheinen, wie streng diese These vertreten wird, die eine bloße >Voraussetzung< der experimentellen Forschung bildet und nicht in dem Sinne wie ein einzelner psychologischer Satz bewiesen werden kann. Aber ihr Ernstnehmen zwingt zu einem Ernstmachen mit den Theorien, die keine Grenzscheiden zwischen normalem und anormalem Seelenleben aufrichten und keine Ausnahmen kennen dürfen, mit denen sich eine laxere Auffassung mehr oder minder leicht zu helfen vermag. Was man als psychologisches Gesetz anerkennt, muss schlechterdings immer und überall in allen seinen Konsequenzen als maßgebend angesetzt werden.

Die These der Gesetzlichkeit verlangt, dass man nicht nur die gröbsten Eigentümlichkeiten, sondern auch die *feineren Nuancen* und Eigenarten des Sonderfalles zur Diskussion stellt, die eine laxere Auffassung gerade auf affektpsychologischem Gebiete dem >Zufall< zuzuschieben oder unbeachtet zu lassen versucht. Das bedeutet jedoch nicht, dass man irgendwelche speziellen und speziellsten Eigenschaften und Prozesse, etwa die Herz- und Lungenphänomene bei affektiven Vorgängen, relativ isoliert in den Vordergrund stellen darf, sondern man wird von dem umfassenden Ganzen des Vorganges herkommend, Einzelheiten immer nur als Sonderheiten eben dieses Ganzen zu bewerten haben.

Ein ähnlicher Sachverhalt besteht für die Frage des *Quantitativen*. Die begriffliche Erfassung von Gesetzen weitreichender Natur setzt auf allen Gebieten die Berücksichtigung der *vollen Wirklichkeit*, also auch ihrer quantitativen bzw. intensiven Verhältnisse voraus. Man kann diese Seite der Wirklichkeit nicht fortlassen, ohne zu leeren, blutarmen Schemen zu gelangen. Das gilt gerade auch für das Gebiet des ›höheren‹ Seelenlebens, bei dem Quantität und Qualität aufs Innigste verbunden sind. Damit soll nicht einer blinden Zahlensucht das Wort geredet und auch keineswegs abgeschwächt werden, dass der quantitativen Untersuchung die qualitative in gewissem Sinne vorauszugehen hat, und dass man deren Primat auf willens- und affektpsychologischem Gebiete wahrscheinlich noch für lange energisch wird betonen müssen.

Die These der Gesetzlichkeit zwingt [einerseits] dazu, die ⁶⁶ Möglichkeit von Gegenbeispielen aus dem Gesamtgebiet des psychischen Lebens in Betracht zu ziehen; sie drängt daher von vornherein zur Berücksichtigung der ganzen Breite der psychischen Phänomene und stärkt so die nicht zuletzt für die Psychologie des Willens und Affektlebens wichtige Tendenz zur Selbstkritik der Theorien.

Andererseits bietet, wie wir sogleich sehen werden, gerade ⁶⁶ die strenge Auffassung der Gesetzlichkeit des Psychischen durch die Position, die sie dem Experiment verleiht, eine method[olog]ische Grundlage für breitere Forschungsmöglichkeiten.

Die Einstellung auf bloße [!] Regelmäßigkeiten, also etwas ⁶⁶ *statistisch* zu Erfassendes, dürfte wesentlich dazu beigetragen haben, wenn man vielfach als ein Hauptmerkmal des Experimentes seine *Wiederholbarkeit* angesprochen hat. Damit musste von vornherein die experimentelle Erforschung von Prozessen nur sehr beschränkt möglich erscheinen, bei denen, wie den Affekten, der erste Versuch eine grundlegende Änderung der Basis für den zweiten Versuch mit sich zu bringen pflegt.

Mit der These von der strengen Gesetzlichkeit des Psychi- ⁶⁶ schen entfällt diese Schranke[:] Ein *einzelner, individueller*

Fall reicht im Prinzip für die Widerlegung oder den Beweis eines Satzes aus, sofern nur die Bedingungsstruktur des betreffenden Falles hinreichend gesichert ist.[026] Die Wiederholbarkeit wird statt einer notwendigen Bedingung lediglich [!] etwas, was gewisse technische Annehmlichkeiten besitzt. An Stelle der Wiederholung des Gleichen tritt die Analyse durch Variation, der Vergleich planmäßig erzeugter Verschiedenheiten.«[027]

Wer bei Lewin nach in Analogie zu der Physik formulierten psychologischen Gesetzen Ausschau hält, der wird zunächst allerdings enttäuscht sein. Lewins Werk ist fragmentarisch, meist handelt es sich um Essays, die einerseits eine gewisse erkenntnistheoretische Programmatik entfalten, andererseits von Experimenten oder Überlegungen bezüglich gewisser Detailfragen der Psychologie berichten. Auch in den Monografien »*Principles of Topological Psychology*« (1936) und »*The Conceptual Representation and the Measurement of Psychological Forces*« (1938), die zusammengenommen seine »Vektorpsychologie« darstellen sollen,[028] wird man die geforderten Gesetze jedoch vergeblich suchen. Die bei-

---

026 [Fn. von Lewin:] Cassirer, *Substanz und Funktionsbegriff*, Berlin 1910. [Vollständiger Titel: *Substanzbegriff und Funktionsbegriff: Untersuchungen über die Grundfragen der Erkenntniskritik*. Möglicherweise bezieht sich Kurt Lewin auf die folgende Stelle, S. 321f: »Diese logische Funktion ist es, die jeglichem Experiment erst seine eigentümliche Beweiskraft verleiht. Jede wissenschaftliche Entscheidung, die wir auf ein Experiment gründen, stützt sich auf die latente Voraussetzung, dass das, was hier und jetzt als gültig befunden wird, auch für alle Orte und alle Zeiten gültig bleibt, sofern die sonstigen Bedingungen des Versuchs ungeändert bleiben. Erst kraft dieses Prinzips wandelt sich die ›subjektive‹ Tatsache der sinnlichen Wahrnehmung in die ›objektive‹ Tatsache des wissenschaftlichen Urteils.«]
027 Kurt Lewin, *Struktur der Seele* (1926), vgl. Fn. 3, S. 9ff.
028 Kurt Lewin, *The Conceptual Representation and the Measurement of Psychological Forces*, Durham, NY 1938 (Nachdruck: Mansfield Centre, CT 2013), S. 1. Dort bezeichnet er diese Schrift auch als *ersten* Teil der Vektorpsychologie. Ein zweiter ist leider nicht gefolgt. In den »*Grundzügen der topologischen Psychologie*« (1936), Bern 1969, S. 29, wird die Ergänzung durch die »Vektorpsychologie« bereits angekündigt.

den Monografien enthalten eher das Instrumentarium, um psychologische Tatbestände und Dynamiken beschreiben zu können.[029] Meine Rekonstruktion von Lewins psychologischen Hauptsätzen umfasst derer zwei, nämlich *erstens* **Gegenwärtigkeit** und *zweitens* **Gerichtetheit** des Verhaltens.[030] Ich will nicht behaupten, dass alles, was Lewin jemals an Gesetzmäßigkeit psychologischer Dynamik formuliert hat, unter die beiden Hauptsätze der »Gegenwärtigkeit« und der »Gerichtetheit« des Verhaltens sich fassen lässt, jedoch meiner Überzeugung nach ein großer Teil. Möglicherweise müssen die beiden Hauptsätze noch ergänzt werden, die Zahl zwei soll hier noch nicht als kanonisch missverstanden werden. Die Gleichung $V = f(P, U)$ stellt stets die Grundformel für Lewin dar: Verhalten gleich Funktion von Person und Umwelt. Das hört sich unspektakulär an, ist es aber nicht. Die Person könne, so die Aussage von Lewin, nicht auf die Umwelt, die Umwelt nicht auf die Person reduziert werden.[031]

029 Vgl. dazu weiter unten S. 71ff (Topologie) sowie S. 76ff (Hodologie).
030 Lewin spricht fast durchgängig von Verhalten, nicht (wie Ludwig von Mises) von Handeln. Manchmal setzt Lewin den Begriff des Verhaltens »für die meisten Fälle« mit dem der »Lokomotion« (Ortsveränderung durch Bewegung) gleich (Kurt Lewin, *Konstrukta in der Feldtheorie* [1944], in: ders., *Feldtheorie in den Sozialwissenschaften*, Bern 2012, S. 82; auch in: KLW 4, S. 81; engl. S. 39), oft verwendet er ihn aber als Oberbegriff, der auch Gefühle und Affekte, Wahrnehmen sowie Denken umfasst (vgl. z. B. Kurt Lewin, *Regression, Retrogression und Entwicklung* [1941], in: ders., *Feldtheorie*, ebd., S. 137f; auch in: KLW 6, S. 304f; engl. S. 99f).
031 Denn »$P = f(U)$ u. $U = f(P)$« (Kurt Lewin, *Verhalten u. Entwicklung als Funktion der Gesamtsituation* [1946], in: ders., *Feldtheorie in den Sozialwissenschaften*, Bern 2012, S. 271f; auch in: KLW 6, S. 375f; engl. S. 239; den gleichen Buchstaben f für verschiedene Funktionen zu verwenden, ist unschön. Mathematisch ist das nicht gut argumentiert, eine Variable könnte stets 0 betragen. Sozialwissenschaftlich würde es wenig Sinn haben, sie dennoch mitzubenennen. »Die Person P und die psychologische Umwelt U sind nicht unabhängige Faktoren.« Kurt Lewin, *The Conceptual Representation and the Measurement of Psychological Forces* (1938), Mansfield Centre, CT 2013, S. 97. Vgl. auch unten das in Fn. 67 nachgewiesene Zitat aus dem gleichen Buch. In **Grafik 1** (S. 27) zeige ich eine Möglichkeit, wie

Beide haben Anteil am Verhalten. Sowohl Milieutheoretiker als auch (*undialektisch* denkende) Marxisten bemängeln an der Aussage, dass die Person doch ihrerseits als ein Produkt von der Umwelt aufgefasst werden müsse.[032] Umgekehrt versuchen Psychologen immer wieder, die Umwelt aus der Person hervorgehen zu lassen. Die Umwelt sei rein subjektiv nur das, was die Person wahr=wahnnehme, sich als Wahrheit zurechtlege, konstruiere. »Jeder habe seine eigene Wahrheit.« In den letzten Jahrzehnten setzte sich speziell eine Form von »konstruktivistischem Kollektivismus« philosophisch durch und erhielt politische Bedeutung: Die Umwelt werde ausschließlich oder fast ausschließlich durch die

Lewins Formel angewandt, und auf S. 28, wie sie notiert werden könnte. Ich danke meinem Sohn Raoul für seinen mathematischen Beistand.
032 Als erster Marxist wohl Lewins Freund Karl Korsch (1886-1961). Dazu vgl. Mel van Elteren, *Die Sozialpsychologie Lewins, marxistische Soziologie und Geschichte: Das Scheitern eines gemeinsamen Projektes von Kurt Lewin und Karl Korsch*, in: Psychologie und Geschichte, 2. Jg., Nr. 1 (1990), S. 2: Korsch bedauere, dass Lewin sich besonders seit im US-amerikanischen Exil »trotz des generellen Anspruchs seiner Darstellungen fast ausschließlich auf das Individuum beschränkte« (vgl. hiergegen die in den Fn. 31, 44 sowie 93 nachgewiesenen Lewin-Zitate). Die Nähe dieser Kritik zu den Vorwürfen von Seiten des Behaviorismus, Lewin verfolge eine »subjektive und anthropomorphe Methodologie« (vgl. z. B. Clark Hull [1884-1952], zit. in einer Anmerkung des Herausgebers zu Kurt Lewin, *Definition des »Feldes zu einer bestimmten Zeit«* [1943], in: KLW 4, S. 151), ist zwar augenfällig, wird aber weder Korsch noch van Elteren schmecken. 1939 verfasste Kurt Lewin des ungeachtet gemeinsam mit Karl Korsch den Essay »*Mathematical Constructs in Psychology and Sociology*«, in: KLW 4, S. 87-97. Zur Kontroverse mit Clark Hull vgl. auch: Hans-Jörg Herber und Éva Vásárhelyi, *Lewins Feldtheorie als Hintergrundsparadigma moderner Motivations- und Willensforschung (im Vergleich zu Behaviorismus, Psychoanalyse, Gestalt- und Kognitionspsychologie)*, in den Salzburger Beiträgen zur Erziehungswissenschaft, 6. Jg., Nr. 1, 2002, S. 37-100. In dankenswerter Klarheit formulierte eine völlige Reduktion auf die Umwelt der Behaviorist B. F. Skinner (1904-1990), *Jenseits von Freiheit und Würde* (1971), Reinbek bei Hamburg 1973, S. 80: »Das eigentliche Problem ist die Wirksamkeit von Kontrolltechniken. Wir werden die Probleme des Alkoholismus und der Jugendkriminalität nicht lösen, indem wir ›Verantwortungsgefühle‹ fördern. Es ist die Umwelt, die für das unzulässige Verhalten ›verantwortlich‹ ist, und es ist die Umwelt und nicht eine Eigenschaft der Einzelperson, die geändert werden muss.« Vgl. zu Skinner auch unten S. 65 ff.

gesellschaftliche Konstruktion bestimmt; eine Ausprägung ist etwa die Behauptung, es gäbe keine biologischen Geschlechter, sondern bloß sozial konstruierte Gender.[033] Von Lewin her wäre den Einwänden folgendermaßen zu begegnen: Unter dem Gesichtspunkt des gegenwärtigen Verhaltens ist es unerheblich, aus welcher historischen Quelle die Tendenz von einer Person stammt, sich in die eine oder andere Richtung zu bewegen. In gleicher Weise unerheblich ist es bezogen auf die Umwelt, dass wir in der Vergangenheit etwa ein Haus geplant und gebaut haben. Gegenwärtig steht es uns als ein objektiver Gegenstand so und nicht anders zur Verfügung.[034] Eine Linie der Kritik an Lewin lautet, diese wie auch seine anderen Formeln seien »pseudo-mathematisch«.[035] Allerdings geht jene Kritik gar nicht auf die mathematischen Aspekte ein, sondern unterstellt eine lineare Analogiebildung der Lewinschen Begriffe zur Physik. Im Abschnitt zu Lewins Wissenschaftslehre werde ich noch darauf zurück kommen, dass mir dies – bestenfalls – ein Missverständnis zu sein scheint,[036] wenngleich Lewin selber an ihm nicht ganz unschuldig sein mag. Wie man die Grundformel von Lewin anwenden kann, zeige ich in **Grafik 1**.[037] Als Beispiel habe ich

033 Vgl. z. B. Judith Butler, *Das Unbehagen der Geschlechter* (1990), Frankfurt/M. 2003. Kritisch zum Konstruktivismus generell vgl. Stefan Blankertz, *Minimalinvasiv*, Berlin 2015, S. 9ff. Zu einer literarischen Auseinandersetzung vgl. ders., *Sappho, gegendert: 6x9 Songs*, Berlin 2015.
034 Die Umwelt als Produkt der menschlichen Arbeit ist selbstredend eine wichtige Überlegung von *dialektisch* versierten Marxisten.
035 Vgl. Alexandre Métraux, Einleitung zu: KLW 2, S. 14ff, S. 43 (Fn. 5). Franz E. Weinert und Horst Gundlach, Einleitung zu: KLW 6, S. 20. Henry E. Garrett (1894-1973), *Lewin's »Topological« Psychology: An Evaluation*, in: Psychological Review 46, 1939, S. 517-524. Ivan D. London (1913?-1983), *Psychologists' Misuse of the Auxiliary Concepts of Physics and Mathematics*, in: Psychological Review 51, 1944, S. 266-291. Hubert Bonner (1901-1970), *Group Dynamics*, New York 1959, S. 493 ff.
036 Vgl. unten S. 89 ff.
037 S. 27. – Die Grafik stellt ausdrücklich meine Interpretation dar. Bei Lewin findet sie sich nicht und die, die sich auf ihn beziehen, wiederholen

die Beziehung zwischen der Stärke eines Bedürfnisses, das eine **Person** als Spannung empfindet, und dem Grad an Sicherheit gewählt, den die **Umwelt** bietet, während das Bedürfnis befriedigt wird. Die Sicherheit kann etwa durch Zweifel an der Unverdorbenheit einer Speise, die man essen will, beeinträchtigt sein oder durch Angst vor Sanktionen, wenn das, was man beabsichtigt, verboten ist. Beide Skalen sollen von 0[038] (keine Bedürfnisspannung bzw. keine Sicherheit[039]) bis 10 (eine hohe Bedürfnisspannung bzw. die volle Sicherheit[040]) reichen.

Lewins Grundformel, ohne sie je irgendwie anzuwenden. Bei ihnen hört sie eher sich an wie eine Beschwörungsformel. – Mit meiner Interpretation antworte ich auf zwei Einwände: »Was die Grundformel des Verhaltens angeht [..], so erfreut sie sich trotz der ihr anhaftenden Mängel einer fast ungebrochenen Beliebtheit [...]. Natürlich ist gegen die Formel äußerlich nichts einzuwenden. Sie ist in Befolgung der in der mathematischen Sprache von Mengen und Abbildungen geltenden Ausdrucksregeln gebildet; sie besitzt einen Ausdruck für den Definitions- und einen solchen für den Wertebereich, und sie drückt eine zwischen diesen Bereichen angenommene oder bestehende funktionale Beziehung aus. Die Interpretierbarkeit der Grundformel des Verhaltens bereitet indes eine Reihe von Schwierigkeiten. Denn Lewin ist eine genaue Bestimmung des Definitions- und des Wertebereichs schuldig geblieben. Zudem nimmt er – entgegen der schon zu seiner Zeit akzeptierten mengentheoretischen Lesart des Funktionsbegriffs – die Möglichkeit einer nicht eindeutigen Beziehung zwischen den Elementen der beiden Bereiche an [hier Verweis zur nächsten Stelle, die ich zitiere:]« (Alexandre Métraux, Einleitung zu KLW 2, S. 14f). »Zum besseren Verständnis der Formel [muss] angemerkt werden, dass [der ihr zugrundeliegende Funktionsbegriff Lewins] der heutigen mengentheoretischen Definition als einer eindeutigen Relation zwischen den Elementen zweier (oder mehrerer) Mengen nicht entspricht, sondern auch Dependenz- und Interdependenzbeziehungen einschließt, ohne deren Berücksichtigung die Formeln zur Kennzeichnung der Interdependenz von Person und Umwelt innerhalb des Lebensraums: $P = f(U)$ und $U = f(P)$ nicht verständlich werden könnten« (Franz E. Weinert u. Horst Gundlach, Einleitung zu KLW 6, S. 20). Die »genaue Bestimmung des Definitions- und Wertebereichs« kann klarerweise erst in der Anwendung (vgl. S. 27) erfolgen. Die Problematik der (Inter-) Dependenz ist mit einer veränderten Notation zu heilen (vgl. S. 28).

038 Wegen der Berechenbarkeit muss 0 jeweils 0 , 1 sein.

039 Bedürfnisbefriedigung führt etwa unmittelbar zu dem eigenen Tod.

040 Es gibt zum Beispiel keine negativen natürlichen Folgen oder sozialen Sanktionen.

Das Verhalten sei Funktion der beiden Werte Bedürfnis (B)
und Sicherheit (S).[041] Wenn nun keine Bedürfnisspannung
(B=0) vorliegt, wird es, unabhängig davon, wie die Sicherheit (S zw. 0 und 10) sich bemisst, zu keiner Handlung
kommen. Ebenso wird eine Handlung unterbleiben, wenn
das Bedürfnis zwar hoch gespannt (B=10) ist, die Sicherheitslage dessen Befriedigung aber nicht ohne unakzeptable
Folgen (S=0) gestattet. Die Extremsituationen des Nicht-
Handelns sind allerdings deutlich zu unterschieden: Die
erste (B=0, S=0) ist *entspannt*, die zweite (B=0, S=10)
entspannend, die dritte (B=10, S=0) *konflikthaft*. Diese
führt zur Bockigkeit, zur Rebellion oder zum Ausweichen
auf Ersatzhandlungen wie beispielsweise Halluzinationen.
Nehmen Bedürfnisspannung und gewährte Sicherheit zu, so
auch die Handlungswahrscheinlichkeit. Die Kurven in der
Grafik sind idealtypisch angenommen.
Nun steht allerdings die Information zur Sicherheitslage in
ihrer objektiven Umweltbedingung der handelnden Person
nicht zur Verfügung,[042] vielmehr gibt es nur die *Annahme*
der Person über die Sicherheitslage. Die Menschen haben
zwar vielfältige alltägliche, wissenschaftliche und techno-
logische Mittel erfunden, sich Gewissheit zu verschaffen.
Dennoch stellt die objektive Umweltbedingung letztlich
sich erst *ex post* durch gewisse Konsequenzen heraus. Ein
Leben, d.h. Bedürfnisbefriedigung ohne jedes Risiko gibt
es nicht. Die allzu unrealistische Einschätzung der Umweltbedingung rächt sich aber rasch. Ob eine Übereinstimmung
von 100% in subjektiver Einschätzung (S_P) und objektiver
Bedingung (S_U) je erreicht werden kann [**Grad an Realität**
$G_R = (S_1 \div S_2) \times 100$],[043] ist nicht erheblich; sie ist jedenfalls

041 Es spielt hier gar keine Rolle, dass es weitere handlungsleitende Werte
geben mag. Deren Hinzunahme würde die Grafik komplexer machen.
042 Sie ist streng genommen kein Teil des psychologischen Lebensraums;
vgl. S. 72f, bes. in Fn. 132. Experimentell ist sie ein Wert des Beobachters.
043 S_1 ist der jeweils kleinere, S_2 der jeweils größere Wert.

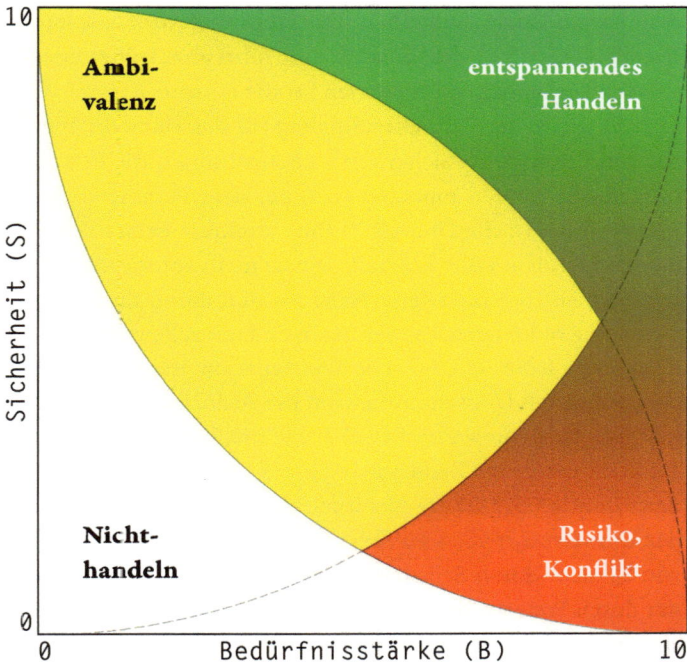

Grafik I. Auf der y-Achse: **Sicherheit (S)** von 0 bis 10. Auf der x-Achse: **Bedürfnisstärke (B)** von 0 bis 10. Felder: **Ambivalenz** (oben links), **entspannendes Handeln** (oben rechts), **Nichthandeln** (unten links), **Risiko, Konflikt** (unten rechts).

Interpretation der Lewin-Formel

Die Grundformel: $V = f(P, U)$. V = Verhalten, P = Person, U = Umwelt.
Aufgezeigt am Beispiel einer Handlungsfunktion mit den Achsen Sicherheit (y-Achse) und Bedürfnisstärke (x-Achse).

Die physikalische und soziale *Sicherheit* wird zwar primär der Umwelt zugeschrieben, ist als handlungsleitender Parameter aber immer auch daran gebunden, wie die Person die Sicherheit einschätzt. Je *weniger* die Einschätzung durch die Person (S_P) von der realen Lage (S_U) abweicht, einen um so *höheren* **Grad an Realität** (G_R) erreicht sie. Ausgedrückt in Prozent: $G_R = (S_1 \div S_2) \times 100$. S_1 = der *kleinere*, S_2 = der *größere* Wert. Wenn $S_P > S_U$ droht die Gefahr übermütiger Entscheidungen.

Primär gehört das *Bedürfnis* zwar zur Person (B_P), entwickelt sich aber nie unabhängig von kulturellen und ökonomischen Bedingungen. Je *kleiner* der Umwelteinfluss (B_U), um so *größer* ist der **Grad an Autonomie** (G_A) der Person. Ausgedrückt in Prozent: $G_A = (B_P \times 100) \div (B_P + B_U)$.

Bei *zunehmendem* Bedürfnis ergibt sich eine Spannung, die zur Handlung drängt, *abnehmende* Sicherheit bremst die Bereitschaft, für die Bedürfnisbefriedigung tätig zu werden. Im Bereich hoher Bedürfnisspannung gepaart mit Unsicherheit lauern: Auflehnung, Empörung, Konflikt, Risiko, Trotz.

Grafik I: *Anwendungsbeispiel für die Grundformel* 27

denkbar und auch darstellbar. Das Gegenteil, d. h. absolute Irrealität ($G_R = 0\%$) der Einschätzung führt aber früher oder später zu erheblichen Problemen für die Person.

Ebenso wie in der Umweltbedingung für das Handeln, hier auf den Parameter »Sicherheit« eingeschränkt, die Person mitgedacht werden muss, so auch bei dem Parameter des »Bedürfnisses« die Umwelt.[044] Eine konkrete Person P hat ihre Bedürfnisse ($B_P + B_U$), falls wir sie nicht vollständig abstrahiert auf beispielsweise Nahrungsaufnahme und -ausscheidung reduzieren, immer in einem kulturellen und ökonomischen Kontext (B_U). Die Konstellation, in der es nicht den geringsten Umwelteinfluss auf die Bedürfnisse ($B_U = 0$) gibt, ist ebenso unwahrscheinlich wie die, in der die Person gar keine ureigenen Bedürfnisse ($B_P = 0$) hat. – Der **Grad an Autonomie** (G_A) sei der Ausdruck für den relativen Einfluss der Umwelt: $G_A = (B_P \times 100) \div (B_P + B_U)$. Der Wert für B_U ist wie S_U nicht durch Selbstauskünfte der Person P, vielmehr nur durch Fremdbeobachtung zu ermitteln.

Um in der Grundformel $V = f(P, U)$ *entweder* die Person auf den Umwelteinfluss zu reduzieren, müssten $G_R = 100\%$ sowie $G_A = 0\%$, *oder* jeden Umwelteinfluss auf die Person auszuschließen, $G_R = 0\%$ sowie $G_A = 100\%$ gegeben sein. Beides wären, so gesehen, ja eher unrealistische Annahmen, obwohl Psychologie und Soziologie weiterhin mit ihnen operieren, als habe Lewin nie etwas geschrieben.

Die (Inter-)Dependenz von P und U lässt sich mathematisch korrekt dann folgendermaßen für das Beispiel formulieren:

Bedürfnis $B = b(P, U)$

Sicherheit $S = s(P, U)$

Verhalten $V = v(B, S) = v(b(P, U), s(P, U)) = f(P, U)$

044 So: »Die Bedürfnisse eines Individuums sind in hohem Maße durch soziale Faktoren bedingt« (Kurt Lewin, *Verhalten und Entwicklung als eine Funktion der Gesamtsituation* [1946], in: ders., *Feldtheorie in den Sozialwissenschaften*, Bern 2012, S. 321; auch in: KLW 6, S. 436; engl. S. 289). Das drückt inzwischen kaum mehr als eine Binsenweisheit aus.

Zur Illustration des Beispiels sei ein (Gedanken-)Experiment skizziert, das den Versuchen ähnelt, die Lewin durchführte. Den Versuchspersonen wird eine Reihe von Testaufgaben angekündigt, zwischen welchen Pausen eingeplant seien. Der erste Test stellt sich allerdings als zeitintensiver heraus, wie vom Versuchsleiter prognostiziert, und es ist abzusehen, dass Versuchspersonen – entsprechend ihrer Konstitution und der letzten Mahlzeit, die sie eingenommen haben – Hunger kriegen werden. Die Versuchspersonen befinden sich jeweils getrennt voneinander in Räumen. Zu den ihnen gegebenen Anweisungen gehört, dass sie während der Tests weder Kontakt zu den anderen Versuchspersonen noch zum Leiter aufnehmen sollten. In den Räumen können sie jedoch Sandwiches entdecken, von denen allerdings weder klar ist, ob die Versuchspersonen sich ihrer bedienen dürfen noch ob sie frisch sind.

Nach der Beendigung des Experiments wird per Befragung ermittelt, wie die Versuchspersonen sich zu ihrem Hunger in Relation zur Unsicherheit möglicher Bedürfnisbefriedigung verhalten haben: Verstoß gegen die Anweisung, gar Abbruch der Teilnahme, oder Sichbedienen an dem im Raum vorgefundenen Nahrungsmittel. Welche Überlegungen haben die Versuchspersonen bezüglich erwartbarer Konsequenzen angestellt, falls sie gegen die Regeln verstoßen, sei es durch Abbruch der Teilnahme, sei es durch einen Akt eventuellen Mundraubs? Wenn sie erwogen haben, sich des Sandwichs zu bedienen, haben sie sich dann den Kopf über dessen Genießbarkeit zerbrochen? Wie haben sie diese gegebenenfalls festgestellt? Hat sich ihre Entscheidung über ihr Handeln mit zunehmendem Hunger verändert und in welcher Weise? Welche weiteren Bedürfnisse spielten eine Rolle, etwa das, Verärgerung Ausdruck zu verleihen, zum Beispiel über sich selbst oder über den Versuchsaufbau, dass die Testaufgabe nicht in der vorgegebenen Zeit zu erledigen war?

Abschließend werden die Versuchspersonen gebeten, dem Hungergefühl sowie den anderen handlungsleitenden Parametern jeweils Stärkegrade zwischen 0 und 10 zuzuweisen. Auf diese Art lassen sich die B- und S-Werte ermitteln. Um den Grad an Autonomie G_A und den Grad an Realität G_R festzustellen, bedarf es zusätzlicher Einschätzungen durch den Versuchsleiter oder durch weitere Beobachter.

Erster Hauptsatz der psychischen Dynamik: Gegenwärtigkeit des Verhaltens

»Einer der Hauptsätze [!] der psychologischen Feldtheorie kann wie folgt formuliert werden: Jedes Verhalten oder jede sonstige [?] Veränderung innerhalb eines psychologischen Feldes ist einzig und allein [!] vom psychologischen Feld *zu dieser Zeit* abhängig.«[045]

Das »Gesetz der Gegenwärtigkeit« heißt, Verhalten werde nicht durch Gewohnheit,[046] Übung, Lernen[047] und Biografie, kurz: durch die »Historie«[048] bestimmt. Zu Lewins Zeiten

[045] Kurt Lewin, *Definition des »Feldes zu einer gegebenen Zeit«* (1943), in: ders., *Feldtheorie in den Sozialwissenschaften*, Bern 2012, S. 88; auch in der KLW, Band 4, S. 135; engl. S. 45.

[046] »Der Begriff der ›Gewohnheit‹ ist Jahrzehnte hindurch für den Fortschritt der Psychologie verheerend gewesen. Heute kann er als populärer Ausdruck betrachtet werden, der sich auf eine Zusammenwürfelung verschiedener Prozesse bezieht. Er ist gegen verschiedene angemessenere Begriffe auszutauschen« (*Gleichgewichte und Veränderungen in der Gruppendynamik* [1947], in: *Feldtheorie in den Sozialwissenschaften*, Bern 2012, S. 259; auch in: KLW 4, S. 289; engl. S. 225); vgl. unten S. 123-128.

[047] Lewin spricht gar von der »Überbetonung des Lernproblems« in der Psychologie (*Feldtheorie und Lernen* [1942], in: *Feldtheorie in den Sozialwissenschaften*, Bern 2012, S. 109; auch in der KLW 4, S. 165; engl. S. 68). Solch eine Radikalität sucht ihresgleichen.

[048] »Es gibt Fälle«, so Lewin (*Definition des »Feldes zu einer gegebenen Zeit«* [1943], in: ders., *Feldtheorie in den Sozialwissenschaften*, Bern 2012, S. 92; auch in: KLW 4, S. 153; engl. S. 49), »bei denen ein historisches Vorgehen vorzuziehen ist. Beispielsweise kann der Hunger einer Ratte vermutlich besser durch die Dauer ihres Hungers als durch physiologische oder psychologische Hungertests zur Zeit *t* bestimmt werden. Dieser Schluss aus der Vergangenheit auf die Gegenwart ist jedoch nur während Zeitperioden

war für den »historischen« Komplex »Assoziation« als Begriff in der deutschen Psychologie noch gebräuchlich, im US-amerikanischen Behaviorismus wurden dann die Begriffe »konditionierter Reflex« sowie, schließlich, »operante Konditionierung« gängig. Auch die Psychoanalyse ist ein »historischer« (biografischer) Ansatz, obgleich von jenem des Behaviorismus ganz verschieden. Die Widerlegung des Assoziationismus nahm die ersten Jahre der Forschungen Lewins ein, die bereits während des Weltkriegs begannen.[049] Hierbei stellte nicht die Widerlegung, sondern der Beweis der Richtigkeit des Assoziationismus das Ziel Lewins dar.[050]

und in Situationen zulässig, für die ein ›geschlossenes System‹ (keine Einflüsse von. Außerhalb) geltend gemacht werden kann; zum Beispiel wenn die Tiere während dieser Zeitdauer die gleiche Arbeitsmenge geleistet, wenn sie das gleiche Futter bekommen haben usw. Die Schwierigkeiten dieser Art von Kontrollen haben Skinner dazu geführt, das Problem der Triebstärke mit der Beschaffenheit des gegenwärtigen Bedarfs zu verbinden.« Eine Analogie als weiteres Beispiel: »Ich möchte wissen, ob mein Dachboden stark genug ist, ein bestimmtes Gewicht zu tragen. Ich könnte das dadurch zu bestimmen versuchen, dass ich herausfinde, aus welchem Material mein Haus vor zehn Jahren gebaut worden ist. [...] Natürlich besteht auch dann noch eine gewisse Wahrscheinlichkeit, dass die Handwerker die Pläne nicht befolgt, dass Insekten das Balkenwerk geschwächt haben oder dass während der letzten zehn Jahre irgend etwas verändert worden ist. Daher entschließe ich mich vielleicht, solche unsichere Schlussfolgerungen aus den Daten der Vergangenheit zu vermeiden und die gegenwärtige Festigkeit des Bodens zu bestimmen, dass ich seine Festigkeit jetzt überprüfe. [...] Eine Prüfung in der Gegenwart [ist] unter methodologischen Gesichtspunkten einer Anamnese an Wert überlegen« (ebd., S. 91; KLW 4, S. 139; engl. S. 49). Ein Ableitung des Hungers bei den Ratten oder eine Ableitung der Festigkeit des Bodens aus der »Historie« ist wohlgemerkt *keine* Ausnahme von dem ersten Hauptsatz, sondern hier wird die Vergangenheit als Methode herangezogen, wenn andere Methoden nicht möglich oder aufwändiger sind. Das Verhalten – selbst das »Verhalten« des Bodens – bleibt eine Funktion der Gegenwart: *der* Einwand des herrschende Übergewicht von Milieutheorie, Genetik und Psychoanalyse.
049 1916: Kurt Lewin, *Die psychische Tätigkeit bei der Hemmung von Willensvorgängen und das Grundgesetz der Assoziation*, Leipzig. Dies ist seine Dissertation. – 1921: ders, *Das Problem der Willensmessung und das Grundgesetz der Assoziation*, 1. Teil, in: Psychologische Forschung, Nr. 1, S. 191-303. – 1922: 2. Teil, in: ebd., Nr. 2, S. 65-140.
050 »Wider Erwarten waren die [von dem ›Grundgesetz der Assoziation‹

Lewin begeisterte sich für die Theorie Narziß Achs.[051] Ach war kein reiner Assoziationist, sondern er stand bereits mit einem Fuß auf dem Boden der Gestaltpsychologie. Einerseits blieb er sich gewiss, dass das, was umgangssprachlich als »Gewohnheit« und psychologisch als »Assoziation« (natürlich nicht im Sinne Sigmund Freuds verstanden) bezeichnet wird, eine starke Auswirkung auf die Handlungsrichtung nehme. Andererseits wusste er sehr wohl, dass man gegen Gewohnheiten auch verstoßen kann, sofern man es denn *will*. Als »Wille« identifizierte Ach diejenige Kraft, die jemand aufwenden müsse, um einer *»deterministischen Tendenz«* (wie er es nannte) zu folgen und dergestalt anders zu handeln, als es seiner Gewohnheit entspricht. Lewin ließ Versuchspersonen Reihen von sinnlosen Silben einüben und etablierte so eine »Assoziation« zwischen ihnen. Die Silben mussten sinnlos sein, um zu verhindern, dass neben der Assoziation sich ein Einfluss durch Verstehen oder Begreifen ergab. Dann forderte er die Versuchspersonen auf, die Silben anders zu kombinieren. Ein komplizierter Apparat maß sowohl die Fehlerhäufigkeit beim Einüben der Silbenreihen, als auch die Reaktionsgeschwindigkeit eines intendierten Regelverstoßes; beides, Fehlerhäufigkeit und Reaktionsgeschwindigkeit, hätte der Theorie von Ach entsprechend mit zunehmend eingeübter Assoziation abnehmen müssen. Aber das gewünschte Ergebnis kam nicht zustande. Lewin wiederholte die Versuche und variierte den Versuchsablauf,

angenommenen Reaktionen] ausgeblieben«, *Das Problem der Willensmessung*, 1. Teil (vgl. Fn. 49), S. 257. Und rückblickend: »Ich hatte nicht die Absicht, die Assoziationstheorie zu kritisieren, sondern wollte die Methode, die [Narziß] Ach zur Messung der ›Willensstärke‹ entwickelt hatte, verfeinern.« *Formalisierung und Fortschritt in der Psychologie* (1940), in: Kurt Lewin, *Feldtheorie in den Sozialwissenschaften*, Bern 2012, S. 50; auch in der KLW 4, S. 45; engl. S. 5.
051 Narziß Ach 1871-1946. Er wird der Würzburger Schule der Gestaltpsychologie zugerechnet. Bis heute gelten seine Experimente zur Messung der Willensstärke als bahnbrechend.

das Ergebnis blieb immer dasselbe: Eine durch die etablierte
»Assoziation« hervorgerufene Hemmung, den gewohnten
Weg zu verlassen, konnte Lewin nicht feststellen. Aus dem
Grund entfiel ebenfalls der – angeblich notwendigerweise –
aufzubringende Wille, um das Abweichen vom Üblichen zu
bewerkstelligen; denn auch und gerade unter Ermüdungs-
erscheinungen ließ Gewohntes sich mühelos beiseite legen.
Später gab Lewin den Schlussbericht zu diesen Versuchen,
veröffentlicht in der Zeitschrift der Berliner Gestaltpsychologen »Psychologische Forschung«, wieder und wieder in
seinen Literaturlisten an. Soweit ich es sehe, wurde er allerdings weder neu aufgelegt, noch jemals ins Englische übersetzt. Ich habe nicht den Eindruck, der Grund hierfür sei
darin zu suchen, dass die Psychologen die Ergebnisse nicht
ernst oder wichtig nehmen oder als überholt ansehen, vielmehr schlicht, dass seit Lewins Experimenten die Theorie
von Ach im Besonderen und die des Assoziationismus im
Allgemeinen als erledigt und uninteressant gelten. Dass die
Ergebnisse auch gegen die behavioristische Theorie sowohl
vom »bedingten Reflex« als auch von einer »operanten
Konditionierung« sprechen, war Lewins Überzeugung;[052]
sie wurde meines Wissens allerdings nie einer genaueren
Prüfung unterzogen.

Auch ohne komplizierte Versuchsreihen kann das Gesetz
der Gegenwärtigkeit von Verhalten durch zwei einfache
Selbstbeobachtungen zu jeder Zeit bestätigt werden. Zum

052 In »Feldtheorie und Lernen« (1942) bezeichnet Lewin »die Theorie
vom bedingten Reflex« als »Nachfolgerin« der »Assoziationstheorie«
(Feldtheorie in den Sozialwissenschaften, Bern 2012, S. 107; auch in: KLW 4,
S. 162; engl. S. 65). Im Begriff der »operanten Konditionierung« betont
Skinner die Handlungsfolgen als Determinanten des Verhaltens (wogegen
der Assoziationismus stets von der in der Vergangenheit liegenden Einübung ausgegangen ist). Aus der Perspektive von Lewins erstem Hauptsatz
macht das kaum einen Unterschied, da die erlernten Handlungsfolgen (Belohnung oder Bestrafung als positive respektive negative Verstärker), um
wirksam zu werden, gegenwärtig vorausgesehen werden müssen.

einen. Dass ich in meiner Kindheit das Fahrradfahren erlernt habe und es also *kann*, bestimmt nicht, ob ich es gegenwärtig tue. Eingeübtes Können steht mir als Handlungs-
möglichkeit zur Verfügung, drängt – oder gar: zwingt – mir
aber nicht eine Richtung des Verhaltens auf.[053] Das heißt:
Möglichkeiten, Fähigkeiten, Handlungsfreiräume ergeben
sich historisch bzw. biografisch, die Determinanten des Verhaltens dagegen sind Kräfte im gegenwärtigen Feld.
Lewin gibt ein Beispiel.[054] Jemand befindet sich in seinem
frühsommerlichen Garten. Bei relativer Windstille setzt ein
Nieselregen ein. Die Person sucht Schutz unter einem Baum.
Was ist die Ursache dafür, dass sie unter dem Baum nicht
nass wird? Geringe Stärke des Regens und des Windes sowie
die physikalischen Eigenschaften der Blätter. Eine davon
kategorial zu unterscheidende Antwort könnte lauten: Weil
der Großvater der Person den Baum dort einst gepflanzt hat.
Diese historische Antwort ist nicht falsch. Doch wäre es genauer, in ihr die Antwort auf die Frage nach der Bedingung
der Möglichkeit zu sehen.

Eine andere Selbstbeobachtung, mit der das »Gesetz« der
Assoziation, also die Theorie der Konditionierung widerlegt
werden kann, sind gut eingeübte Routinetätigkeiten. Eben
nicht gleichsam automatisch laufen sie ab. Wir benötigen

053 »Die Wiederholung führt also unter Umständen zu der ›*Fähigkeit*‹,
gewisse Handlungen in bestimmter Folge auszuführen, aber sie setzt
keinen Zwang oder auch nur eine Tendenz[,] nach Ausführung der ersten
Handlung (a) die gewohnte zweite (b) folgen zu lassen. Zu sogenannten
Gewohnheitshandlungen kommt es vielmehr nur dann, wenn die fraglichen *beiden Handlungen (a, b) unselbständige Bestandteile eines relativ einheitlichen Handlungsganzen* sind und wenn ferner in der späteren Situation
aus irgendwelchen akuten [!] Gründen ein Handlungsganzen in Gang
gebracht wird, das dem gewohnten Handlungsganzen gleich oder ähnlich
ist.« Kurt Lewin, *Die Entwicklung der experimentellen Willenspsychologie
und die Psychotherapie* (1929), Darmstadt 1970, S. 9 (auch in: *Schriften zur
angewandten Psychologie*, Wien 2009, S. 88).
054 Kurt Lewin, *Grundzüge der topologischen Psychologie* (1936), Bern 1969,
S. 51 f.

Konzentration, Aufmerksamkeit, Energie, ja Willenskraft, um sie jedes Mal wieder korrekt auszuführen. Ermüdung beim Autofahren kann tödlich enden. Dagegen lässt sich auch nach ermüdender Autofahrt eine Herausforderung wie das Aufsuchen der zuvor unbekannten Adresse ohne Schwierigkeiten bewältigen: Psychische Sättigung und tatsächliche Ermüdung sind zweierlei.

Eine Passage in »*Über die Struktur der Seele*« (1926) erhellt die komplexe Vorstellung, die Lewin über die Bedeutung der Gewohnheit entwickelt hat:

66 »Bisweilen mag die Gewohnheit z. B. bei ›Triebgewohnheiten‹ mit der Steigerung der Bedürfnisse neue seelische Energien setzen; und bisweilen mag sie den Durchbruch zu bis dahin für die betreffende Handlung noch nicht zur Verfügung stehenden Energien mit sich bringen, z. B. dann, wenn beim Morphinisten oder Kokainisten ursprünglich einzelne und gelegentlich aufgetretene genussartige Erlebnisse ›in den Lebensbedarf aufgenommen‹[055] und immer breitere und tiefere Schichten der Person in diese Sucht hineingerissen werden.

66 Handelt es sich dagegen um eine bloße ›Ausführungsgewohnheit‹,[056] also nur um die Verschmelzung, Bildung oder Umformung gewisser Handlungsprozesse, so darf man

055 [Fußnote von Lewin:] E. Joël und F. Fränkel, *Zur Pathologie der Gewöhnung II* [Über Gewohnheit und psychische Gewöhnung], in: Therapie der Gegenwart [»Monatszeitschrift für praktische Medizin«], [Nr. 67, S. 60-63]. 1926. Ferner: [Dies.,] *Der Kokainismus* [Cocainismus], Berlin 1924. Vgl. auch McDougall, *[An Introduction to] Social Psychology*, [London] 1908. [Ernst Joël (1893-1929), Arzt, spezialisiert auf Drogensucht. Fritz Fränkel (1892-1944), Neurologe, Mitbegründer der KPD; starb im mexikanischen Exil. William McDougall (1871-1938), Psychologe.]
056 [Fußnote von Lewin:] Lewin, a. a. O. [Vermutlich ein Hinweis auf *Die psychische Tätigkeit bei der Hemmung von Willensvorgängen und das Grundgesetz der Assoziation*, in: Zeitschrift für Psychologie, Nr. 77, S. 212-247, 1917, oder auf *Das Problem der Willensmessung und das Grundgesetz der Assoziation*, 1. Teil in: Psychologische Forschung, Nr. 1, S. 191-302, 1921, und 2. Teil in: Nr. 2, S. 65-140, 1922.]

sie prinzipiell nicht als Ursache (im prägnanten Sinne) seelischen Geschehens ansprechen.°57

Diese zunächst für die Gewohnheit und Assoziation geltenden Sätze kann man auf jede [!] Art von Kopplungen verallgemeinern. Denn *Bindungen sind nie ›Ursachen‹ von Ge-*

057 [Fußnote von Lewin:] Dass man neben den Assoziationen als Ursache seelischen Geschehens noch weitere Faktoren anzunehmen hat, ist ein schon lange ausgesprochener Gedanke. An experimentellen Arbeiten, die in dieser Richtung vorwärts geschritten sind, sind vor allem die Werke von Ach, *Über die Willenstätigkeit und das Denken,* Göttingen 1905, und *Über den Willensakt und das Temperament,* Leipzig 1910, sowie Poppelreuter, *Über die Ordnung des Vorstellungsablaufs,* in dem »Archiv für die gesamte Psychologie«, Nr. 15, 1912, zu nennen. – Selz (*Die Gesetze des geordneten Denkverlaufs,* Stuttgart 1913, und [ders.,] *Zur Psychologie des produktiven Denkens und des Irrtums,* [Bonn] 1922) hat die Bedeutung nichtassoziativer Kräfte, der determinierenden Tendenzen, vor allem auf dem Gebiete der intellektuellen Prozesse im einzelnen aufgezeigt. Auch er hat bemerkt, dass »auch bei Gedächtnisuntersuchungen die bestehenden Determinationen keineswegs immer vernachlässigt werden dürfen« (1913, S. 283-290 [das Zitat findet sich auf der S. 286]). (Allerdings hat der gleiche Verfasser noch 1920 in einer Polemik gegen Angriffe von assoziationspsychologischer Seite ([der Rezension zu G. E. Müllers Buch] *Komplextheorie und Gestalttheorie,* in: Zeitschrift für Psychologie, Nr. 83) z. B. ausdrücklich bemerkt (S. 215), dass die Aktualisierung von Wissenskomplexen »auch ohne eine auf sie gerichtete Determination erfolgen kann«, und auch eine ganze Reihe andere Ausführungen scheinen mir eindeutig dahin aufzufassen zu sein, dass die Assoziation als eine mögliche Ursache seelischen Geschehens keineswegs geleugnet werden soll.) Wenn Selz neuerdings (*Zur Psychologie der Gegenwart,* in: Zeitschrift für Psychologie, Nr. 99, [1926], [S. 160-196], S. 166) auf die oben angeführten und ähnliche Sätze in Prioritätsfragen hinweist, so möchte ich, ohne auf diese Fragen einzugehen, nur bemerken: Ich würde mich sehr freuen, wenn ich die Tatsache des erneuten Hinweises auf diese Stellen dahin auffassen dürfte, dass Selz jedenfalls gegenwärtig die Grundthese meiner Arbeit als experimentell erwiesen ansieht: dass nämlich nicht nur neben der Assoziation auch noch andere Ursachen psychischen Geschehens anzuerkennen sind, sondern dass prinzipiell die Assoziation keinen Motor seelischen Geschehens darstellt. [Narziß Ach vgl. Fn. 51. – Walther Poppelreuter (1886-1939), Psychologe. – Otto Selz (1881-1943), Psychologe; er wird wie Narziß Ach der Würzburger Schule der Gestaltpsychologie (»Denkpsychologie«) zugerechnet. – Die Fußnote ist m. E. teilweise verwirrend formuliert. Es hat eine Weile gebraucht, bis ich es begriffen habe: Lewin impliziert mit »dass die Assoziation als eine mögliche Ursache seelischen Geschehens keineswegs *geleugnet* werden soll« ein *Bedauern,* weil hier kein Leugnen vorliegt, während er doch die Assoziation als mögliche Ursache geleugnet sehen *möchte.*]

schehnissen, wo und in welcher Form auch immer sie bestehen.
Sondern damit das miteinander Verbundene sich bewege
(das gilt selbst für rein maschinelle Systeme), damit also ein
Prozess stattfindet, muss *arbeitsfähige Energie* freigesetzt
werden. *Man wird also bei jedem seelischen Geschehen zu*
fragen haben, wo die verursachenden Energien herstammen.
66 Wenn Kopplungen nicht als Energiequellen [sic] angesehen
werden, so soll damit keineswegs behauptet werden, dass es
überhaupt keine Kopplungen gibt, oder dass ihr Vorhandensein oder Fehlen unwichtig ist. Sie sind zwar keine Energiequellen[058] des Geschehens, aber die Form des Geschehens
hängt weitgehend von Kopplungen ab. So spielt z. B. die Umformung gewisser geläufiger Handlungsganzheiten eine sehr
wichtige Rolle. (Allerdings wird man es aufgeben müssen,
wenn man zu Gesetzen vorwärtsdringen will, unter dem
Begriff der *Erfahrung* alle Fälle zusammenzufassen, wo ein
früheres Dagewesensein vorliegt. An Stelle dieses sinnlosen
Konglomerates wird man eine Reihe von Erscheinungen zu
unterscheiden haben, die zum Teil sehr verschiedenartigen
Gesetzen unterstehen: die Bereicherung oder Veränderung
des Wissensbestandes; das Erlernen – und ›Üben‹ – von
Arbeiten irgendwelcher Art; wesentlich anderer Natur ist ein
Vorgang, den man als Fixation bei Trieben oder Bedürfnissen
99 bezeichnen kann usw.)«[059]
Das Beharren auf der Überzeugung, Verhaltensweisen von
Menschen ließen sich »konditionieren«, hat vor allem wohl
auch den Grund darin, dass sie politisch instrumentalisiert
werden kann. Traditionell war es vor allem die Linke, die
der »Kulturindustrie« im Allgemeinen und der Werbung
im Besonderen unterstellte, sie sei in der Lage, die Menschen
zu manipulieren. Das Verhalten der Menschen sei, so sagte
der von mir in vielerlei – nicht aber in dieser – Hinsicht ge-

058 Konjektur aus »Energiequelle«.
059 Kurt Lewin, *Struktur der Seele* (1926), vgl. Fn. 3, S. 22 ff.

schätzte Theodor W. Adorno, »auf die Reaktionsweise von Lurchen heruntergebracht«.[060] Noch heute speist sich der Impuls von linker und grüner Seite, gegen Werbung vorzugehen, aus der Überzeugung, sie könne den Konsumenten fast Beliebiges einreden – darum müssten diese vor jener geschützt werden. Dass dies nicht der Fall ist, ist experimentell psychologisch gut fundiert.[061] Auch dazu eine leicht nachvollziehbare Illustration: Trotz des Fehlens kapitalistischer, profitgieriger Werbung ist in der UdSSR geraucht worden, und zwar nicht weniger, sondern eher deutlich mehr als im kapitalistischen Ausland. Gerade die Raucherwerbung und die Überzeugung, diese verführe speziell junge Menschen zum Rauchen, waren die ersten Angriffspunkte für die bevormundenden Eingriffe der Staatsgewalt gegen die Werbeindustrie.

Vor allem wird die Überzeugung der einfachen Manipulierbarkeit der Menschen aber im politischen Alltag immer häufiger genutzt. Bereits als die Ursache für den Erfolg des Nationalsozialismus macht man in der Bundesrepublik von Anfang an gern die »Verführung« verantwortlich,[062] genau

060 Theodor W. Adorno, *Soziologie und empirische Forschung* (1957), in: *Der Positivismusstreit in der deutschen Soziologie*, Darmstadt 1969, S. 87. Ursprünglich geht die Formulierung auf die *»Dialektik der Aufklärung«* von 1947 zurück, die Adorno (1903-1969) gemeinsam mit Max Horkheimer (1895-1973) verfasste.
061 Der Klassiker: Horst W. Brand, *Die Legende von den geheimen Verführern: Kritische Analyse zur unterschwelligen Wahrnehmung und Beeinflussung*, Weinheim 1978. Eine neuere Darstellung der Komplexität von intendierter Beeinflussung: Georg Felser, *Werbe- und Konsumentenpsychologie* (1997), Berlin 2015, vgl. besonders S. 274ff. Im politischen Raum ist es z.B. interessant zu beobachten, dass sowohl die Grünen ab Mitte der 1980er Jahre als auch die AfD ab 2012 Wahlerfolge erzielen konnten, obwohl die etablierten Parteien über größere Werbebudgets verfügen und fast die gesamte Medienwelt sich über sie empörte. Zur weiteren Analyse des Rechtspopulismus vgl. Stefan Blankertz, *Die neue APO: Gefahren der Selbstintegration*, Berlin 2016. Die Ereignisse überschlagen sich, doch stets folgen sie denselben Mustern.
062 Vgl. z.B. die Titel von Hans-Jochen Gamm, *Führung und Verführung: Pädagogik des Nationalsozialismus* (1964), dann Hans-Ulrich Thamer, *Ver-*

um die präzise Analyse der sozioökonomischen Krise und der wirtschaftlichen Interessen zu vermeiden, die Hitler an die Macht gebracht haben. Auch heute wieder bemüht der Mainstream dieses Muster, etwa in der Deutung des Aufstiegs der sogenannten Rechtspopulisten als Wirkung von deren manipulativer Kraft. Dabei bleibt selbstredend unerklärt, wie diese Manipulation gelingen kann, obwohl die herrschende politische Klasse über weit mehr Medienkontrolle und Finanzkraft im Hintergrund verfügt. Die Rechtspopulisten ihrerseits beklagen, weil sie nicht oder jedenfalls noch nicht die politische Macht erobern konnten, den Einfluss der manipulativen herrschenden Lügenpresse. Allerdings sind die von ihnen bis dato eingefahrenen Erfolge allein Beweis genug, dass im Panzer der Manipulation sich Lücken auftun müssen – denn wie anders hätte die AfD es in Wahlen zu bereits etwa um ein Fünftel der Wählerstimmen geschafft, womit sie gut etablierte Parteien wie die FDP und sogar die Grünen überflügeln konnte.[063]

Um die Vorherrschaft bestimmter oder das Erstarken von andern politischen Richtungen zu erklären, ohne auf die unbegründete Gedankenfigur der Manipulation zurückgreifen zu müssen, gibt es den Ansatz der Ideologiekritik, der je nach Gusto auf Karl Marx oder Ludwig von Mises verweist. Die Menschen treffen ihre politischen Entscheidungen aufgrund von den gegenwärtigen, subjektiv wahrgenommenen (wirtschaftlichen) Interessen[064] in der Kombination mit den subjektiv eingeschätzten Chancen, jene über die durch sie bevorzugte Partei zu realisieren. Wer sich beispielsweise von Flüchtlingen zusätzliche Jobs und Einnahmen verspricht, wird nicht durch das Etikett »Volksverräter« umgestimmt,

führung und Gewalt: Deutschland 1933-1945 (1986) und schließlich Ludolf Herbst, *Hitlers Charisma: Die Erfindung eines deutschen Messias* (2010).
063 Stand November 2016.
064 Dass Menschen sich auf Ziele (oder Interessen) gerichtet verhalten, ist Inhalt des *zweiten* Lewinschen Hauptsatzes; vgl. unten S. 49 ff.

ebenso wie denjenigen, der etwa durch aufgrund erhöhter Zuwanderung belastete Sozialversicherungssysteme wirtschaftliche Einbußen und durch überforderte Polizeikräfte Verschlechterung seiner Sicherheitslage fürchtet, die Entziehung des Etiketts, ein »Gutmensch« zu sein, davon abhalten wird, die AfD zu wählen.

Auch eine non-politische Haltung, die über das Parteiengezänk und die eitlen Wahlversprechen hinaus weist auf eine stärker von Selbstorganisation bestimmte, weniger staatsfixierte Zukunft, muss sich anders artikulieren als mit der Unterstellung, die Menschen seien durch das herrschende System darauf konditioniert, sich die Problemlösung nicht anders als mit Hilfe von Staatsgewalt vorstellen zu können.

Den Menschen einerseits zu unterstellen, sie würden nach der Art von Lurchen reagieren, und andererseits ihnen von einer herrlichen Zukunft ihrer »Selbstorganisation« vorzuschwärmen, haftet etwas geradezu Lächerliches an.

Der erste Hauptsatz der psychischen Dynamik, den Lewin formuliert, steht der herrschenden Selbstverständlichkeitsüberzeugung in diesem Sinne diametral entgegen. Die Behauptungen der Entwicklungs- und Milieutheorie sind zu Binsenweisheiten geworden. Die Lewinsche Feldtheorie gibt dem Menschen anstelle dessen die Möglichkeit der Entscheidung zurück.

Das zeigt sich zum Beispiel, wenn wir sie auf ein aktuell gesellschaftlich umstrittenes Feld anwenden, die Migrantenkriminalität. Schnell erkennen wir die Brisanz von Lewins erstem Hauptsatz. Das Handwerkszeug der Debatte sind die Kategorien Vorurteil und Statistik. Die Frage lautet etwa, ob es überwahrscheinlich sei, dass eine Person (wohlgemerkt: männlich) mit Migrationshintergrund kriminell wird in Relation zu einem Einheimischen. Vorurteile orientieren sich aber gar nicht an den Wahrscheinlichkeiten. Aus der Antisemitismusforschung wissen wir, dass auf der einen Seite in

Regionen, in denen keine Juden leben, starke antisemitische Vorurteile herrschen können, während auf der anderen Seite dort, wo Juden leben, das nicht der Fall sein muss.[065] Ähnlich ist auch heute das Vorurteil gegen Migranten kaum daran gebunden, wie viele eigene Begegnungen Menschen in einer Gegend mit Migranten haben. Vorurteile sind nämlich ein Mittel des Denkens, um Orientierung eben dort zu finden, wo gerade keine primären Erfahrungen vorliegen, also keine Möglichkeit besteht, ein qualifiziertes Urteil zu fällen.

Die Ablehnung von Vorurteilen ist einerseits scheinheilig, denn wahrscheinlich ist ein Leben ohne sie gar nicht möglich (und die mannhaften Kämpfer gegen Diskriminierung sind vielfach selber erfüllt von hartnäckigsten Vorurteilen); andererseits sind Vorurteile auch keine geeigneten Berater, eben weil sie eher aus Mangel an Durchblick und meist aus nicht genauer bestimmten Ängsten entstehen. Ich selber halte, sofern es machbar ist, mehr als die berüchtigte Armlänge Abstand von jungen Männern,[066] die in ihrer Horde lautstark sich zu irgend einer Fußballmannschaft bekennen. Dass ihre Grölerei mir Angst macht, basiert nun nicht auf

065 Ein Beispiel: Durch den Holocaust wurden in Polen neunzig Prozent der über drei Millionen dort lebenden Juden ermordet. Zum Ende des Kriegs emigrierten viele der Überlebenden, oft nach Israel. 1968 bemühte die kommunistische Regierung die bekannten antisemitischen Formeln, um von einer Protestbewegung abzulenken und die Wut der Bevölkerung zu kanalisieren. Juden wurden aus der Partei ausgeschlossen und von öffentlichen Ämtern entfernt. Die meisten noch in Polen harrenden Juden sahen sich nun gezwungen, außer Landes zu gehen, bloß noch wenige Tausend blieben in Polen. (Vgl. Dariusz Stola, *Kampania antysyjonistyczna w Polsce 1967-1968* [Die antizionistische Kampagne in Polen 1967-1968], Warschau 2000.) Unmittelbar nach dem Fall des Realsozialismus wurde im Wahlkampf um die Präsidentschaft sowohl vom Herausforderer Stanisław Tymiński als auch vom Titelverteidiger Lech Wałęsa wiederum auf Antisemitismus zurückgegriffen. (Vgl. Der Spiegel 49/1990, S. 173-177.) Vgl. auch Katrin Steffen, *Formen der Erinnerung: Juden in Polens kollektivem Gedächtnis*, in: Osteuropa, Nr. 8-10 (2008), S. 367-386.
066 Nach sexuellen Übergriffen in der Silvesternacht empfahl die Kölner Oberbürgermeisterin Henriette Reker am 5. 1. 2016 im »Heute-Journal« Frauen, »eine Armlänge Abstand« beim Kontakt mit Fremden zu halten.

schlechten Erfahrungen mit Fußballfans. Aber bisher bin ich mit meiner Umsicht gut gefahren und es gibt keinen Grund (mit Lewin gesagt: keinen »Vektor« im Feld), mein Vorurteil zu revidieren. Allerdings würde ich es ungern auf die Ebene einer politischen Forderung heben und verlangen, dass Andere mein Vorurteil übernehmen und etwa für ein Verbot von öffentlichen Fußballspielen stimmen *sollen*.

Die Sache stellt sich demnach anders dar, wenn Vorurteile politisches Kampfinstrument werden. Nach den sexuellen Übergriffen durch Migranten in der Kölner Silvesternacht 2015-16 wurde es von gewissen Kreisen als vernünftig propagiert, nun gefälligst Vorurteile gegen Migranten haben zu *sollen* (und entsprechend politisch zu reagieren). Genau die gleichen Leute, die eine solche angeblich realistische Sicht propagieren und alle, die diese realistische Sicht nicht einnehmen, seitdem als »Realitätsverweigerer« klassifizieren, haben sich jedoch erregt über den Vorschlag aus links-grün-feministischen Kreisen, dass man an die Stelle der zu bevorteilenden Migranten die Kategorie »Männer« setzen möge. Erregung ist als Ratgeber so schlecht wie Vorurteile es sind. Aus dieser Gegenüberstellung lässt sich folgern, dass es gar nicht feststeht, wie die Gruppe der Menschen gebildet wird, denen gegenüber ein Vorurteil gilt. Hier die Kategorie »Männer« zu bilden, ist nicht weniger rational und nicht unrealistischer als die Kategorie »Migranten« zugrunde zu legen, vor allem, wenn man bedenkt, dass ja tatsächlich Männer die Täter waren. Aus jenem Vorurteil folgt keineswegs, dass eine geschlechtsunspezifische Ablehnung (und Abschiebung) von Migranten die realistische Antwort sei. Ebenso könnte man die als »Realitätsverweigerer« abtun, die nun nicht alle Männer ohne Ansehen ihrer Herkunft zu potenziellen Vergewaltigern gestempelt sehen wollen.

Als Erklärung für die Tendenz zur Kriminalität von (männlichen) Migranten kristallisiert sich immer stärker die Herkunft aus dem muslimischen Kulturkreis heraus. Denken wir aber an Lewins Forderung nach strenger Gesetzmäßigkeit, so fällt auf, dass die Erklärung nicht viel erklärt. Denn niemand wird bestreiten, dass es Muslime (und, nebenbei bemerkt, auch Männer) gibt, die *nicht* sich krimineller Handlungen schuldig machen. Die Herkunft erklärt nichts, sie ist kein determinierender Vektor: Die ganz gleichen Ausgangsbedingungen können zu den unterschiedlichsten Resultaten führen.[067] Wenn wir nicht nur an Propaganda interessiert sind, also wirklich wissen wollen, warum der eine Migrant kriminell oder der andere Islamist wird, etwa um präventiv tätig werden zu können, sollten wir nach den das Verhalten determinierenden Vektoren suchen.

Die Frage nach der Veränderung von kulturellen Prägungen und Werthaltungen hat Kurt Lewin in den 1940er Jahren während seines Exils in den USA im Zusammenhang mit dem Problem untersucht, wie nach einem Sieg der Alliierten in Deutschland die Grundlegung für den Aufbau liberaler Demokratie gelingen könne. Schon im Krieg wurde dies als Gedankenspiel »re-education« genannt und wird heute mit »Umerziehung« recht tendenziös übersetzt. Besonders bei Konservativen in Deutschland hat »re-education« einen schlechten Ruf, und dass Lewin sich konzeptionell an ihr beteiligte, sehen sie nicht als Pluspunkt an.[068] Doch können wir

067 »Die Psychologie hat zunehmend bewiesen, dass ein gegebenes Bedürfnis im Zusammenspiel mit der spezifischen Umwelt zu einer großen Bandbreite von sogar widersprechenden Handlungen führen kann.« Kurt Lewin, *The Conceptual Representation and the Measurement of Psychological Forces* (1938), Mansfield Centre, CT 2013, S. 108. – Hamed Abdel-Samad, der ägyptische radikale Kritiker des Islam, stammt aus der Familie eines sunnitischen Imams; milieu- *und* erbtheoretisch ein Unding.
068 Vgl. z. B. Caspar von Schrenck-Notzing, *Charakterwäsche: Die Reeducation der Deutschen und ihre bleibenden Auswirkungen* (1965), Graz 2005, S. 104ff. Von der politisch anderen Seite kommt ein ähnlicher Vorwurf, der der Sozialtechnokratie: vgl. z. B. Mel van Elteren, *Lewinian Social Psychology and Research of the Work Process 1917-1947* (1990), als pdf auf der DVD der Fernuniversität Hagen (Fn. 17), S. 8ff.

uns eine Lösung der Probleme denken, die der Islamismus hervorruft, ohne eine »re-education« oder »kulturelle Rekonstruktion« und »Akzeptanz neuer Werte« (wie Lewin es auch nannte)?[069] Obwohl es international gesehen für den Frieden notwendig ist, dass die USA ebenso wie Russland[070] ihre falschen Friedensmissionen aufgeben, wird kein Weg an einem kulturellen Wandel und an einer »Rezivilisierung« (wie Steven Pinker den ¿gleichen? Gedanken bezeichnet)[071] der muslimischen Länder vorbeiführen. Ebenso gilt für die Migranten und ihre Integration, dass es ohne die Akzeptanz ¿neuer? Werte nicht gehen wird. Umgekehrt kommen auch die Gegner von »Masseneinwanderung« nicht umhin, sich Gedanken über Integration zu machen, falls sie politische Macht erlangen, denn außer für eventuelle Bewunderer von Idi Amin[072] seligen Angedenkens ist es wohl für niemanden eine realistische Option, alle Muslime zu deportieren (selbst wenn man weitere nicht hereinlässt).

Für soziales Verhalten, das von Fremd- & Selbstschädigung absieht, macht Lewin vor allem eine »Zeitperspektive« namhaft.[073] Das erinnert stark an Überlegungen von Hans-

069 Kurt Lewin, *Conduct, Knowledge, and Acceptance of New Values* (1945), in: ders., *Resolving Social Conflicts*, New York 1948 (dt. *Die Lösung sozialer Konflikte*, Bad Nauheim 1953; ebenfalls in: Kurt Lewin, *Schriften zur angewandten Psychologie*, Wien 2009).
070 Da hätte ich hier doch fast: UdSSR vertippt.
071 Steven Pinker, *Gewalt: Eine neue Geschichte der Menschheit* (2011), Frankfurt/M. 2013, S. 184. – Zu einer kritischen Würdigung von Pinkers Buch vgl. Stefan Blankertz, *Widerstand: Aus den Akten Pinker vs. Anarchy*, Berlin 2016.
072 Idi Amin (1928-2003), von 1971 bis 1979 der Diktator von Uganda. Im August 1972 befahl er allen rund 80000 Bewohnern asiatischer Herkunft, binnen 90 Tagen das Land zu verlassen.
073 Kurt Lewin, *Time Perspective and Morale* (1942), in: ders., *Resolving Social Conflicts*, New York 1948 (dt. in: *Die Lösung sozialer Konflikte*, Bad Nauheim 1953). In »*Definition des ›Feldes zu einer gegebenen Zeit‹*« (*Feldtheorie in den Sozialwissenschaften*, Bern 2012 S. 96 [ebenfalls in: KLW 4, S. 143; engl. S. 53]) bezeichnet er L[awrence] K. Frank (1890-1968) als den Urheber des Begriffs; vgl. Lawrence K. Frank, *Time Perspectives*, in: Journal of Social Philosophie, Nr. 4, 1939, S. 293-312.

Hermann Hoppe zur »Zeitpräferenz«,[074] nach der soziales Verhalten (und der Aufbau von langfristigem Wohlstand) daran gebunden sei, gegenwärtige Befriedigung für ein zukünftiges Ziel aufzuschieben. Hoppe allerdings benennt als Ursache für kurze Zeitpräferenzen vor allem auch kulturelle und ethnische, gar genetische Faktoren.[075] Die Antwort von Lewin liegt da eher auf der Linie von Hernando de Soto:[076] Egal, ob es darum geht, dass ein Alkoholiker seine Sucht ablegt, oder ob ein Volk seine Führertrunkenheit aufgibt, sagt Lewin,[077] nur falls eine ausreichend realistische Perspektive besteht, eigene Ziele erreichen und umsetzen zu können, wird das gelingen. De Soto drückt es ökonomisch aus als Sicherheit des Eigentums, also die Sicherheit, über das, was man selber erarbeitet hat, langfristig verfügen zu können; diese Sicherheit führt zu einer Zeitperspektive, die es sinnvoll und lohnend macht, mit den Mitmenschen friedlich umzugehen und sich vorsorgend zu verhalten.

In der so formulierten Bedingung der guten Zeitperspektive bereits eingeschlossen ist das Kriterium der Freiwilligkeit. Ein Gegenstand von Versorgung und von Umerziehung im

074 Hans-Hermann Hoppe, *Democracy, The God that Failed*, New Brunswick 2001, vgl. besonders S. 26 ff und 62 ff. Edward Banfield (*The Unheavenly City, revisited*, Boston 1974, S. 52 ff, vgl. bes. S. 57 ff) benutzt den Begriff »time horizon« (mit der Skala »future-oriented« bis »present-oriented«) zur Charakterisierung von Schichtenunterschieden, wobei nicht klar ist, ob (a.) die Schichtzugehörigkeit den Zeithorizont oder (b.) der individuelle Zeithorizont die Schichtenzugehörigkeit determiniere. Murray Rothbard (*Für eine neue Freiheit* [1973], Band 2, Berlin 2015, S. 138 ff) scheint Banfields These in der Version (b.) anzunehmen. Dies ist schwerlich vorstellbar, da dann entweder die Schichtenzugehörigkeit mobiler sein müsste, als sie es tatsächlich ist, oder der Zeithorizont erblich, eine Annahme, die auch wenig Sinn macht. Geniale Ökonomen, zu denen Rothbard zählt, müssen eben nicht darüber hinaus versierte Sozialwissenschaftler sein.
075 Vgl. Hans-Hermann Hoppe, *Eine kurze Geschichte der Menschheit: Fortschritt und Niedergang*, Grevenbroich o. J. (2015).
076 Hernando de Soto, *The Other Path: The Economic Answer to Terrorism*, New York 2002.
077 Kurt Lewin, *Conduct, Knowledge, and Acceptance of New Values* (1945), in: ders., *Resolving Social Conflicts*, New York 1948, z. B. S. 67 (dt. S. 108).

schlechten Sinne zu sein, führt nicht zu einem echten Gefühl der Sicherheit, nämlich die Macht über das eigene Leben zu besitzen. Lewin gibt eine zweite Bedingung an, nämlich die eines Gefühls der Zugehörigkeit.[078] Mit »Zugehörigkeit« kann nach dem Vorangegangenen kein Zwangskollektiv gemeint sein, vielmehr ausschließlich die Zugehörigkeit zu einer selbstorganisierten Gruppe.

Wir können nun sehen, wie die Feldwirkung des Sozialstaats in der Bundesrepublik eine Veränderung der Werthaltung unter den Migranten erschwert. Sie haben einerseits aufgrund der interventionistischen Wirtschaftspolitik[079] und des herrschenden Berechtigungswesens[080] wenig Chancen, für sich selbst zu sorgen, stattdessen werden sie versorgt und sollen sich dafür auch artig bedanken und nicht meckern an dem, was Mutter Staat auf den Tisch bringt. Integration bedeutet in dieser Situation nichts anderes als die Anpassung an die behördliche Struktur. Deutsch müssen sie sprechen, nicht um weiterzukommen und sich selbst organisieren zu können, sondern um mit den für sie zuständigen Ämtern zu kommunizieren. Dagegen vernachlässigen Polizei & Justiz den Schutz vor Unrechtstätern in den eigenen Reihen: vor denen, die ihre Frauen misshandeln, die religiöse Intoleranz ausüben, die Schutzgeld erpressen. Das Gefühl der Sicherheit, das Migranten – unter diesen Umständen – erlangen können, stammt aus nichts als krampfhaftem Festhalten an

078 »Group belongingness may [!?] increase a feeling of security.« Kurt Lewin, *Time Perspective and Morale*, in: ders., *Resolving Social Conflicts*, New York 1948, S. 111 (dt. S. 163). Vgl. unten Fn. 201 (S. 118). – Das *möglicherweise* klingt bei jemandem, der Gesetzmäßigkeiten sucht, ziemlich schlapp.
079 Eine reine, absolut undynamische Planwirtschaft findet zur Zeit sich vielleicht nur noch, wenn überhaupt, in Nordkorea. In allen anderen Ländern greift der Staat mehr oder weniger stark in gewährte Freiräume des Handelns ein (»Intervention«). Dadurch wird die wirtschaftliche Dynamik des selbstbestimmten Marktes behindert, was besonders »unterprivilegierte« Gruppen daran hindert, am Wohlstand zu partizipieren.
080 Zum »Berechtigungswesen« vgl. Stefan Blankertz, *Pädagogik mit beschränkter Haftung: Kritische Schultheorie*, Berlin 2019, S. 112ff.

dem ihnen Bekannten: ihrer Religion und ihrer Familie.[081]
Hinzu kommt ein weiterer Faktor. Lewin hatte bereits bei
Experimenten in Deutschland festgestellt, dass Menschen
auf Frustration nicht vornehmlich mit Aggression, sondern
mit Regression reagieren.[082] Die Migranten suchen Sicherheit: Sicherheit vor Krieg in ihrer Heimat, Sicherheit vor
religiöser Verfolgung, Sicherheit vor Armut. Da sie dort, wo
sie schließlich Zuflucht finden, mit einer anderen, ihnen bisher nicht bekannten Art der Unsicherheit konfrontiert sind,
reagieren sie mit Regression, also dem Rückzug auf das, was
sie mitgebracht haben und eigentlich loswerden wollten. Sobald sie in ihrer Gruppe nun eine neue trügerische Sicherheit gefunden haben, trauen sie sich wieder, Aggression zu
zeigen, die sich nun gegen das Land ihrer Wohltäter richtet.
Dass diese Reaktionsform nicht bei sämtlichen, sondern
manchen Migranten zu findet ist, versteht sich. Mit dem
Instrumentarium von Lewins Feldtheorie könnte für alle
einzelnen Fällen analysiert werden, welche Vektoren jeweils
in die eine oder in die andere Richtung geführt haben.
Nun haben wir auch einen Ansatzpunkt zu erklären, warum
nach dem zweiten Weltkrieg die »re-education« in Westdeutschland griff, bei den Migranten heute dagegen weniger
ausrichtet. In Westdeutschland gab es trotz der politischen
Abhängigkeit vom transatlantischen Bündnis, zumindest
nachdem 1949 Ludwig Erhard[083] Bundeswirtschaftsminister

081 Vgl. analog Lewins Analyse der Lage von Juden, *Psycho-Sociological
Problems of a Minority Group* (1935), in: ders., *Resolving Social Conflicts*,
New York 1948 (dt. in: *Die Lösung sozialer Konflikte*, Bad Nauheim 1953).
082 Kurt Lewin, Roger G. Barker und Tamara Dembo, *Frustration und
Regression* (1943), in: KLW, Bd. 6. Siehe zum genaueren Zusammenhang
unten S. 63 ff.
083 Ludwig Erhard (1897-1977), Wirtschaftsminister der BRD von 1949
bis 1963. Die von DDR- und Sowjetseite bzw. deren Sympathisanten vor-
gebrachte Behauptung, es sei ausschließlich oder maßgeblich die Unterstützung der frühen BRD durch die USA, die das Wirtschaftswunder her-
beiführte, scheitert daran, dass erstens Unterstützung durch die USA, die
UNO oder die anderen Entwicklungshilfe leistenden Länder für Staaten

geworden war, eine relativ hohe Sicherheit des Eigentums und auf der privaten Ebene des Lebens gewisse Spielräume für Selbstorganisation. Das, worauf zu hoffen wäre, ist eine syrische Reinkarnation von Erhard, und vielleicht fällt für uns auch noch eine ab. Nicht, um in die soziale Enge der 1950er Jahre zurückzukehren, vielmehr die wirtschaftliche Weite. Denn anders, als es manch ein Konservativer heute zu meinen scheint, war ja nicht etwa die alte Paukerschule für das Wirtschaftswunder verantwortlich, sondern die (wenn auch arg eingeschränkte) Freiheit des Marktes, das heißt der freiwilligen wirtschaftlichen Selbstorganisation.

Soziologische und psychologische Fragen nach einem Verursachungszusammenhang – oder mit Lewin: den Vektoren im sozialen Feld – werden gerade dann, wenn es Migrantenkriminalität betrifft, von interessierter Seite als »Verharmlosung« oder als ein »Abschieben der Verantwortung auf die Gesellschaft« gebrandmarkt, teils inzwischen gar als »Realitätsverweigerung« und »Islamapologie« pauschal abgetan. Eine solche Haltung hat den gleichen Charakter wie etwa der Einwand von Antikapitalisten, der Nachweis von Ludwig von Mises oder F. A. Hayek, die Inflation sei der politisch herbeigeführten Geld- und Kreditexpansion geschuldet, wäre Vernebelung der Gier kapitalistischer Ladenbesitzer, die den Hals nicht vollkriegten und aus lauter Willkür die Preise erhöhten.[084] Darüber hinaus hat auch die zunehmend zur neuen *political correctness* werdende Annahme, der Islam sei die einzig realistisch mögliche Erklärung für

ohne liberale Reformen regelmäßig keinen Erfolg zeigen (Frankreich hat gleichzeitig mit der BRD aus dem Marshallplan rund doppelt, England sogar zweieinhalbmal so viel Hilfen erhalten und entwickelten dennoch sich wirtschaftlich weit weniger rasch) und zweitens die Differenz zwischen BRD und DDR im Laufe der Zeit größer und nicht kleiner geworden ist.
084 Die Behauptung willkürlicher Preisfestsetzung erledigt sich bereits allein damit, dass es für Willkür keine Obergrenze gibt und bei jeder Höhe die Frage lautet, warum nicht etwa das Doppelte oder Dreifache gefordert werde.

Migrantenkriminalität, einen feldtheoretischen Charakter; auch sie nimmt an, Kräfte im sozialen Feld – in diesem Fall religiöse – seien der Antrieb für die Handlungsrichtung.

Zweiter Hauptsatz der psychischen Dynamik:
Gerichtetheit des Verhaltens

Das zweite, das ich als Lewinsches Verhaltensgesetz namhaft machen möchte, ist die (Ziel-) Gerichtetheit, d. h. alles Verhalten sei darauf gerichtet, eine Spannung oder ein Ungleichgewicht im Körper oder in der Psyche der handelnden Person zu reduzieren. Die Gerichtetheit des Verhaltens lässt es zu einer »Handlungsganzheit« werden. Alle auf das Ziel gerichteten Handlungen sind »unselbständige Teile« des Handlungsganzen. Handlungen, die hingegen darauf gerichtet sind, von einem als negativ empfundenen Punkt wegzuführen (der aufgrund irgendeines äußeren Drucks angestrebt werden *sollte*), bilden keine Handlungsganzheit, vielmehr bleibt jeder einzelne Schritt isoliert. Das macht Lewin am Essen eines Kindes deutlich: Wenn das Kind mit Appetit isst, bildet der Bewegungsablauf (Lokomotion) vom Aufnehmen der Nahrung mit dem Löffel bis zum Schlucken eine Handlungsganzheit. Wird dagegen »eine besondere Speise abgelehnt, zerfällt die sonst einheitliche Essenshandlung gewöhnlich in eine Folge getrennter Schritte wie etwa: die Hand auf den Tisch legen; den Löffel in die Hand nehmen; die Speise auf den Löffel nehmen; den Löffel etwas dem Munde zuführen; ihn ganz dem Munde zuführen; die Speise in den Mund nehmen; kauen und herunterschlucken. [...] Dabei begegnet [derjenige, der das Kind zum Essen nötigt] gewöhnlich wachsendem Widerstand, da mit Annäherung an die unerwünschte Handlung die abstoßenden Kräfte zunehmen. [...] Betritt [...] das Kind [jedoch schließlich] das Gebiet des ›wirklichen Essens‹, so sind seine Position und die Richtung der Feldkräfte völlig verändert. Befindet sich das Kind noch in einem der vorhergehenden Gebiete, etwa wenn es den Löffel vor seinem Munde hält, dann lieg ein Bereich größten Missbehagens [...] noch vor ihm. [...] Befindet sich das Kind einmal in diesem Bereich wirklichen Essens, dann besitzt jenes Gebiet, das noch vor ihm liegt, den angenehmen Charakter relativer Freiheit.«[085]

Mit seinem zweiten Hauptsatz der psychischen Dynamik schließt Lewin an zeitgenössische und historische psychologische Begriffe ausdrücklich an, modifiziert und präzisiert sie jedoch: »Die verschiedenen psychologischen Theorien über die Ursachen des Verhaltens unterscheiden sich stark. Doch eins scheint die meisten von ihnen gemeinsam zu kennzeichnen. Das Konzept der ›Tendenz‹ im Assoziationismus und in der Reflexologie,[086] die Erregungstendenz,[087] das Konzept der Neigungen[088] oder der Libido,[089] die verschiedenen Triebtheorien, Tolmans Theorie der Verhaltensabsicht,[090] das gestalttheoretische Herangehen an den Intelligenzakt[091] und an gewisse Wahrnehmungsprozesse, sowie alle Arten von Theorien, die das Konzept des Ziels oder des Gleichgewichts einschließen, schließen mehr oder weniger bewusst und hartnäckig die These ein, dass Verhalten oder jede andere Art des psychologischen Wandels durch *gerichtete* Entitäten

085 Kurt Lewin, *Grundzüge der topologischen Psychologie* (1936), Bern 1969, S. 115 f. Vgl. auch die ähnlich darzustellende »psychologische Situation bei Lohn und Strafe«, unten S. 79 ff.
086 Reflexologie war die geläufige Bezeichnung für die Reiz-Reaktions-Psychologie nach Iwan Pawlow (1849-1936), bevor der Begriff Behaviorismus sich durchsetzte.
087 »excitatory tendency«. Lewin verweist hier auf: C. L. Hull, *The Goal Gradient Hypothesis and Maze Learning*, in: Psychol. Rev., 1932, S. 366 ff.
088 »propensities«. Lewin verweist hier auf: W. McDougall, *The Energies of Men*, New York 1932.
089 Lewin verweist hier auf: S. Freud, *New Introductory Lectures on Psychoanalysis*, New York 1933.
090 »purposive behaviorism«. Lewin verweist hier auf: E. C. Tolman, *Purposive Behavior in Animals and Men*, New York 1932.
091 Lewin verweist hier auf: W. Köhler, *The Mentality of Apes*, New York 1925.

verursacht werden. [... | ...] Vielfach ist der Versuch gemacht worden, ein Bedürfnis zu repräsentieren durch ein Konzept, das die Eigenschaften sowohl einer Spannung als auch einer Kraft hat. Das psychoanalytische Konzept der Libido wird oft benutzt als eine solche >gerichtete Spannung<, und andere Schulen scheinen irgendwie ganz ähnliche Konzepte zu entwickeln.[092] Das Konzept einer Spannung, das mathematisch gesehen eine Skala ist, mit dem der Kraft zu verquicken, die mathematisch gesehen ein Vektor ist, ist eine abenteuerliche Logik. Noch wichtiger ist, dass solch eine Theorie Bedürfnis und Handlung zu direkt zu verbinden sucht: Statt die Umwelt neben der Person heranzuziehen und statt das Verhalten V nach der Formel $V = f(P, U)$ abzuleiten, leitet sie V [das Verhalten] aus P [der Person] ab und betrachtet U [die Umwelt] erst später als auch irgendwie wichtig.«[093]

Nach Lewin legen die zu seiner Zeit und in der Geschichte der Philosophie und der Psychologie vorgefundenen metaphysischen und wissenschaftlichen Konzeptionen des Verhaltens dessen Gerichtetsein auf Etwas zugrunde, denn das ist offensichtlich und unabweisbar. Gleichwohl wohnt der vorgefundenen Begrifflichkeit eine Problematik inne, denn sie vermischt zwei Ebenen, die der Zielrichtung und die des Antriebs. Lewin wendet ein, dass vom Ziel keine Kraft an sich ausgehe und die Kraft zunächst kein Ziel habe. Das Ziel ist nicht die »Ursache« der Bewegung[094] und die Kraft verursacht Etwas, aber nimmt keine Richtung auf etwas Bestimmtes. Nur wenn jemand das Ziel ausgewählt und für Wert befunden hat, wird die Kraft, die einem Spannungs- oder Ungleichgewichtszustand in Körper oder Psyche vom

092 Lewin verweist hier auf: H. A. Murray, *Facts Which Support the Concept of Need or Drive*, in: J. of Psychol., 1936, 2, S. 27-42, sowie nochmals auf McDougall (vgl. Fn. 88).
093 Kurt Lewin, *The Conceptual Representation and the Measurement of Psychological Forces* (1938), Mansfield Centre, CT 2013, S. 16f | S. 109.
094 Lewins Begriff der »Lokomotion« konnte sich nicht durchsetzen.

Handelnden entspringt, auf das Ziel ausgerichtet und der Handelnde bewegt sich. Die Anziehungskraft, die das Ziel auf den Handelnden ausübt, nennt Lewin zunächst »Aufforderungscharakter« und dann, in den USA, »Valenz«. Die Zielrichtung kann, muss dabei wohlgemerkt aber nicht *bewusst* bestimmt werden; der Sonderfall einer bestimmten willentlichen Zielsetzung heißt bei Lewin »Vornahme«. In den traditionellen philosophischen Lehren vom rechten Handeln wird die Zielrichtung als »Teleologie« bezeichnet. Im Begriff der Teleologie scheint allerdings eine Wertung dergestalt eingeschlossen zu sein, dass das Ziel der Vervollkommnung diene und das auf sie gerichtete Handeln zweckvoll und nützlich sei. »Man wird die Fragen der Gerichtetheit und der Zielstrebigkeit als reine Vektorprobleme zu behandeln und nicht auf eine ›Zweckmäßigkeit‹ bzw. ›Nützlichkeit‹ zu rekurrieren haben.« So sei es »notwendig [...], an Stelle des missverständlichen[095] Teleologiebegriffes die präziseren Begriffe bestimmter Vektoren einzuführen, die alles das und mehr leisten, als was durch Teleologie in der Psychologie begrifflich dargestellt werden soll«.[096] Missverständlich am Begriff der Teleologie ist insbesondere, dass stets offen bleibt, wo denn der Maßstab für die angestrebte Vollkommenheit herkomme und wie Zweckmäßigkeit und Nützlichkeit der Handlung bestimmt werden können. Der Aufforderungscharakter des Ziels dagegen regt aufgrund von subjektiver Erwägung eine Bewegung an, den körperlichen oder psychischen Spannungszustand zu entspannen

095 Der Teleologiebegriff ist tatsächlich bloß missverständlich und nicht falsch. Denn bei genauer Lektüre von Aristoteles stellt sich heraus, dass die Wertung des Ziels als das »Gute« und der auf es gerichteten Handlung als »zweckmäßig« und »nützlich« rein subjektiv erfolgt. So jedenfalls hat Thomas von Aquin Aristoteles verstanden. Vgl. Stefan Blankertz, *Thomas von Aquin: Die Nahrung der Seele*, Berlin 2015, S. 127ff.
096 Kurt Lewin, *Die Entwicklung der experimentellen Willenspsychologie und die Psychotherapie* (1929), Darmstadt 1970, S. 23 (ebenfalls in: ders, *Schriften zur angewandten Psychologie*, Wien 2009, S. 106).

und das Gefühl des Ungleichgewichts auszugleichen. Darüber hinaus muss ein Ziel nicht gut sein und die Handlungen können völlig in die Irre führen. Selbst der Begriff des Bedürfnisses trägt noch eine metaphysische Last mit sich herum in dem Sinne, dass die Zielsetzung einer inneren körperlichen oder seelischen »Notwendigkeit« entspringe. Gern nutzte Lewin den ironisch, allenfalls augenzwinkernd anmutenden Begriff des Quasi-Bedürfnisses,[097] beispielsweise in folgendem Zusammenhang: Ein Versuchsleiter stellt eine Aufgabe. Sie zu lösen, erzeugt in mancher Versuchsperson ein Quasi-Bedürfnis, sogar wenn der Versuchsleiter die Lösung unter- oder abbricht. Ob dieses Quasi-Bedürfnis entsteht oder nicht, ist daran gebunden, in wie weit die Versuchsperson sich mit der Aufgabe unabhängig von den Anweisungen des Leiters identifiziert. Aber selbst wenn sie nach Unter- oder Abbruch des Versuchs durch den Leiter keine Tendenz hat, die Aufgabe zu vollenden, folgt sie damit einem Quasi-Bedürfnis, vielleicht dem, die als unangenehm empfundenen Aufgabe ruhen zu lassen oder Anweisungen des Leiters strikt zu befolgen.

In seinem einflussreichen und dennoch weitgehend verkannten programmatischen Essay »*Der Übergang von der aristotelischen zur galileischen Denkweise in Biologie und Psychologie*« von 1931 kontrastiert Lewin die aristotelische Denkweise, die von einem »Wesen« der Dinge ausgehe, das sie bewegt, mit der galileischen Denkweise, die nach den Bewegungsgesetzen der Dinge forsche. Mit diesem Kontrast kritisiert Lewin etwa die zeitgenössische Triebpsychologie: »Die Ermittlung der Triebe geschieht im Wesentlichen [noch immer] dadurch, dass man aufsucht, welche Aktionen im tatsächlichen Leben des Individuums oder der gleichartigen Individuen besonders *häufig* und regelmäßig vor-

---

097 Vgl. z. B. Kurt Lewin, *Vorsatz, Wille und Bedürfnis* (1926), Fn. 3, S 57ff. Zitat siehe unten Fn. 105 (S. 60).

kommen. Das, was diesen häufigsten Handlungen *gemeinsam* ist (etwa Nahrungsaufnahme, Kampf, gegenseitige Hilfe), wird als das Wesen dieser Prozesse angesehen. Wiederum durchaus im aristotelischen Sinne wird dieser abstraktiv gewonnene Klassenbegriff *zugleich zum Ziel und zur Ursache* des Geschehens erhoben, und zwar erscheinen die auf diese Weise als Durchschnitt der historischen Tatsächlichkeit gewonnenen Triebe um so grundlegender, je *abstrakter* dieser Klassenbegriff ist, je *größer* die Zahl und je *verschiedenartiger* die Art der Fälle ist, aus denen der Durchschnitt genommen wird. Glaubt man doch auf diese Weise und *nur* auf diese Weise jene >Zufälligkeiten< überwinden zu können, die dem einzelnen Falle und der konkreten Situation anhaften. Die Tendenz, möglichst viele Fälle zu häufen und Durchschnitte aus möglichst großen Zahlen zu gewinnen, die das Verfahren der Psychologie und Biologie auch gegenwärtig noch[098] in weiten Gebieten beherrscht, basiert also auf dem Streben, sich von der Gebundenheit an bestimmte Situationen frei zu machen. Die Verschiedenheit der aristotelischen und galileischen Denkweise tritt besonders deutlich hervor, wenn man sich einmal klar macht, welche Konsequenzen sich aus einer solchen festen Zuordnung der Triebe zu den Individuen >an sich< für eine strenge galileischen Auffassung des Gesetzesbegriffs ergeben würde. Es würde dann der Trieb (etwa der mütterlichen Fürsorge oder des Kampfes) wirklich *ununterbrochen* wirksam sein; ebenso würde die Erklärung des Trotzes aus der >Natur< des dreijährigen Kindes für eine galileische Begriffsbildung die Konsequenz enthalten, dass *alle* 3jährigen Kinder den *ganzen Tag über* (ja eigentlich 24 Stunden lang) trotzig zu sein versuchen müssten.«[099]

---

098 Und noch immer. Die empirischen Sozialwissenschaften kennen heute kaum ein anderes Vorgehen.
099 Kurt Lewin, *Der Übergang von der aristotelischen zur galileischen Denk-*

Entgegen den Erwartungen und Hoffnungen von Lewin, dass diese »aristotelische« empirische Denkweise von der galileischen Orientierung an strenger Gesetzmäßigkeit auch in den Sozialwissenschaften überwunden werde, haben wir uns so mit jener identifiziert, dass wir die Beispiele spontan als übertrieben, karikierend, einseitig und ungerecht empfinden. Wer würde solch einen Widersinn denn behaupten, dass ein trotziges Kind rund um die Uhr trotzig ist? Und dass es keine Ausnahmen gäbe, mithin Kinder, die niemals trotzig sind? Eben. Genau das ist der Punkt von Lewin. Die auf Durchschnittswerte fixierte Betrachtungsweise lässt die Frage gar nicht aufkommen, warum ein Kind etwa zum Zeitpunkt t_1 trotzig, zum Zeitpunkt t_2 jedoch nicht trotzig ist, warum Kind A zu starken Trotzreaktionen neigt, Kind B jedoch nicht.

Spannung, Ungleichgewicht, Bedürfnis oder auch (Quasi-) Bedürfnis stellen nach Lewin nicht selbst die Bestimmungsgrößen eines Verhaltens dar.[100] Wenn ich Hunger habe, heißt

weise in *Biologie und Psychologie* (1931), in: KLW 1, S. 266. Vgl. auch oben das Zitat aus »*Über die Struktur der Seele*« (1926), vgl. Fn. 3, S. 18 ff, sowie unten den Abschnitt über Lewins Wissenschaftslehre, S. 87 ff.

100 »Die Psychologie hat zunehmend bewiesen, dass ein gegebenes Bedürfnis im Zusammenspiel mit der spezifischen Umwelt zu einer großen Bandbreite von sogar widersprechenden Handlungen führen kann.« Kurt Lewin, *The Conceptual Representation and the Measurement of Psychological Forces* (1938), Mansfield Centre, CT 2013, S. 108. Dies gilt z. B. auch in der Suchtforschung; vgl. das umstrittene, inzwischen bestätigte Experiment von Bruce Alexander. Ende der 1970er Jahre zeigte er mit seinem Rattenparkversuch, dass Ratten, die in Einzelkäfigen gehalten werden, Morphin gerne annehmen, diejenigen in einem artgerechten Rattenpark es dagegen ablehnen. In Einzelkäfigen »süchtig« gemachte Ratten lehnen Morphinaufnahme nach dem Umsetzen in den Park trotz Entzugserscheinungen ebenfalls ab. Hieraus schließt Alexander in Übereinstimmung mit Lewins beiden Hauptsätzen der psychischen Dynamik, dass es eine »substanzbasierte Sucht« und den aus ihr abgeleiteten Automatismus, der von der Entzugserscheinung (»craving«) zur Aufnahme der Substanz führt, nicht gebe (Bruce Alexander, *The Myth of Drug-Induced Addiction*, Eingabe 2001 beim Parliament of Canada). Dem Rattenparkversuch habe ich in meinem Roman »*Miriamslied*« ([2008], Berlin 2015) ein Denkmal gesetzt. – Was

dies weder, *dass* ich unbedingt und unverzüglich etwas essen muss, noch *was* ich esse. Die Gerichtetheit des Verhaltens bedarf der Spannung als des Momentes, welches die Kraft zur Verfügung stellt, um ein Bedürfnis zu befriedigen, darüber hinaus eines Abwägens[101] zwischen den verschiedenen offen stehenden Wegen.[102]

Lewin: »Die psychischen Prozesse lassen sich (wie überhaupt die biologischen Prozesse und analog die physikalischen, ökonomischen oder sonstigen Prozesse) bei Anwendung gewisser Gesichtspunkte vielfach aus der Tendenz zur *Herstellung eines Gleichgewichts* ableiten. Der Übergang von einem Ruhezustand zu einem Geschehen, sowie die Veränderung eines stationären Geschehens lassen sich darauf zurückführen, dass das Gleichgewicht an gewissen Punkten gestört ist, und nun ein Geschehen in der Richtung auf einen neuen Gleichgewichtszustand hin einsetzt.

Für die Durchführung dieses Gedankens wird man jedoch einige Punkte besonders beachten müssen.

1. Das Geschehen bewegt sich in der Richtung auf einen Gleichgewichtszustand nur für das *System als Ganzes*. Teilvorgänge können dabei in entgegengesetzten Richtungen verlaufen,[103] ein Sachverhalt, der z. B. für die Theorie der Um-

gemeinhin als »Sucht« bezeichnet wird, kann mit Lewin entweder einer Bedürfnisgewohnheit bzw. einem Quasi-Bedürfnis (vgl. Kurt Lewin, *Feldtheorie und Lernen* [1942], in: ders. *Feldtheorie in den Sozialwissenschaften*, Bern 2012, S. 110 [auch in: KLW 4, S. 166; engl. S. 68]) zugeordnet werden oder einer sog. Ausführungsgewohnheit (vgl. z. B. Kurt Lewin, *Struktur der Seele* [1926], Fn. 3, Zitat S. 35) als unselbstständiger Teil einer Handlungsganzheit, wie z. B. Wein zum Essen. Das Quasi-Bedürfnis der Bedürfnisgewohnheit kann ggf. durch »Ersatz« korrigiert werden, die Ausführungsgewohnheit ggf. durch Veränderung der Handlungsganzheit (nicht durch »Weglassen« einer unselbständigen Teilhandlung per »Willenskraft«).
101 Situationen der Überspannung, etwa bei einem nicht mehr willentlich kontrollierbaren Hustenreiz, Niesen oder auch Harndrang, sind kein Verhalten, sondern Reaktionen. Doch sogar sie bleiben gerichtet. Dass sie dem Gesetz der Gegenwärtigkeit genügen, versteht sich von selber.
102 Dies hat sich ja auch im Beispiel oben S. 29 f gezeigt.
103 [Fußnote von Lewin:] Köhler, a. a. O., 1920. [*Die physischen Gestalten,*

weghandlungen von größter Bedeutung ist. Es kommt also darauf an, das jeweils maßgebende Systemganze zugrunde zu legen; ja, die konkrete Forschungsaufgabe wird häufig geradezu im Aufsuchen dieses >maßgebenden< Systems, seiner Grenzen und seiner inneren Struktur bestehen, aus der sich die besonderen Geschehnisse auf Grund des angeführten allgemeinen Satzes dann ohne weiteres ergeben.

⁶⁶ 2. Ein Gleichgewichtszustand in einem System bedeutet ferner nicht, dass ein spannungsloser Zustand in diesem System herrscht. Systeme können vielmehr auch *in gespanntem Zustand ins Gleichgewicht kommen* (z. B. eine Feder im Spannungszustand oder ein Behälter mit unter Druck befindlichen Gasen). Das Auftreten eines derartigen Systems setzt jedoch eine gewisse *Grenzfestigkeit* und faktische *Abgeschlossenheit* des Systems (beides nicht in räumlichem, sondern funktionellem Sinne verstanden) gegen sein Umfeld voraus.

⁶⁶ Liegt kein so fester Zusammenhang der verschiedenen Teile des Systems untereinander vor, dass den auf Verschiebung drängenden Kräften standgehalten wird (d. h. zeigt das System nicht in sich eine genügende >innere Festigkeit<, sondern ist >flüssig<), oder ist das System durch keine hin-

Braunschweig 1920; für das, auf was Lewin sich bezogen haben könnte, vgl. zum Beispiel S. 46: »Bringt also eine irgendwie fixierte Elektrizitätsmenge an einem Raumpunkt die (nach Größe und Richtung bestimmte) Feldstärke $\mathfrak{E}_1$ hervor, und eine zweite, geeignet gelegene, deren Lage ebenfalls fixiert ist, erzeugt an jenem Raumpunkt die Feldstärke $\mathfrak{E}_2$, von gleicher oder genau entgegengesetzter Richtung, so ergibt sich an der betreffenden Stelle eine resultierende Feldstärke $\mathfrak{E}_1 + \mathfrak{E}_2$ als die algebraische Summe beider. Übereinstimmende oder entgegengesetzte Richtung der Summanden kommt dabei durch die Vorzeichen zum Ausdruck, und die Summe besitzt das Vorzeichen des überwiegenden, also dessen Richtung. Unter den vorausgesetzten Umständen ist demnach jede Feldstärke unabhängig von der anderen wirksam.« Diese Überlegung Köhlers macht wiederum deutlich, wie unzulänglich der Satz, alles hinge mit allem zusammen, doch ist. Im Feld können Kräfte zusammenwirken, obgleich sie in einem Verhältnis gänzlicher Unabhängigkeit voneinander stehen. Der Feldbegriff impliziert *spezifische* (Inter-) Dependenzen, nicht die Alleinheit.]

reichend festen >Wände< gegen das Umfeld abgeschlossen, sondern ist es gegen die Nachbarsysteme offen, so kommt es nicht zu stationären Spannungen; vielmehr erfolgt im Sinne der einseitigen Kräfte ein Geschehen, das auf die Nachbarbereiche unter Abfluss von Energie übergreift und das in der Richtung auf ein >Gleichgewicht auf einem geringeren Spannungsniveau<[104] im Gesamtbereich erfolgt. Die Voraussetzung für das Bestehen eines stationären Spannungszustandes ist also eine gewisse >Festigkeit< des fraglichen Systems, sei es seine >innere< Festigkeit, sei es die Festigkeit seiner >Wände<. [...]

Naturgemäß kann die feste Grenze eines Systems auch durch ein umliegendes System in Spannungszustand gebildet werden. Dann gelten die oben besprochenen Voraussetzungen doch wiederum für die beiden Systeme als Ganzes.

Für die psychischen Abläufe ist nun das Entstehen solcher *gespannten Systeme* sehr charakteristisch (jedenfalls für die Zeit nach dem Säuglingsalter). Wohl lässt sich eine Tendenz beobachten, die auf eine sofortige Entladung der Spannungen (auf einen Gleichgewichtszustand auf möglichst geringem Spannungsniveau) hindrängen. Häufig aber ist infolge der Gesamtsituation ein derartiger Ausgleich, etwa durch Erfüllung eines Wunsches, nicht sofort möglich, sei es, dass der Ausgleich erst sehr allmählich, z. B. auf Grund einer längeren Bemühung herzustellen ist, sei es, dass er momentan überhaupt nicht erreichbar ist. Dann entsteht zunächst ein stationäres gespanntes System, das, wenn es sich um eine sehr tiefliegende Gleichgewichtsstörung handelt, breite seelische

104 Das Gleichgewicht auf niedrigem Spannungsniveau spielt dann im Buch »*Gestalt Therapy*« (1951) von Perls, Hefferline, Goodman eine ganz andere Rolle bei der Charakterisierung der neurotischen Gesellschaft: Das niedrige Spannungsniveau hält die Menschen unterhalb der Schwelle, ab der sie tätig werden; zurück bleibt jedoch das Unbefriedigtsein. Vgl. Stefan Blankertz, *Gestalttherapie Essentials: Das Wichtigste aus dem Grundlagenwerk von Perls, Hefferline und Goodman*, Kassel 2019, S. 25 ff.

Schichten umfassen kann. Das Kind, dem ein wichtiger Wunsch versagt ist, wirft sich etwa auf die Erde und bleibt dort wie aus Verzweiflung im Spannungszustand erstarrt. In der Regel (resp. nach einiger Zeit) resultiert jedoch ein *spezielles* gespanntes System. Der unerfüllte Wunsch z. B. oder die halb erledigte Handlung setzt nicht die gesamte Motorik lahm oder erfüllt die ganze Seele mit Spannung, sondern es bleibt ein spezielles gespanntes System zurück, das erlebnismäßig für lange Zeit nicht in Erscheinung zu treten und den Ablauf des übrigen psychischen Geschehens nur wenig zu beeinflussen braucht. Bei geeigneter Gelegenheit jedoch kann sich seine Existenz in stärkstem Grade z. B. durch das Einsetzen von Erledigungsaktionen wiederum geltend machen. Bei manchen solchen gespannten Systemen erfolgt auch dann, wenn ein direkter Spannungsausgleich z. B. durch Erfüllung des Wunsches oder Erledigung der Handlung in späterer Zeit unterbleibt, doch allmählich eine Entspannung: sei es, dass der Spannungsausgleich durch eine Ersatzerledigung erfolgt, sei es, dass der Abschluss des Systems immerhin als nicht so fest anzunehmen ist, dass nicht allmählich der Ausgleich ins Umfeld (nach Art etwa einer Diffusion) stattfinden könnte. Sehr häufig jedoch bestehen die Spannungen solcher spezieller Systeme auch über längere Zeitstrecken weiter oder die Spannung ist nur abgeschwächt. D. h. also: auch *im Seelischen finden sich Systeme relativ weitgehender funktioneller Festigkeit und Abgeschlossenheit.*

Beim Erwachsenen jedenfalls besteht in der Regel eine große Anzahl relativ gesonderter gespannter Systeme nebeneinander, die durch eine allgemeine Entspannung der Gesamtperson zwar in ihrer Wirkung beeinflusst, aber nur selten und meist unvollkommen wirklich entspannt werden können. Sie bilden Energiereservoire des Handelns und ohne ihre relativ weitgehende Sonderung gegeneinander wäre ein geordnetes Handeln unmöglich.

Auch die experimentellen Untersuchungen über halberledigte Handlungen[105] zeigen eindringlich, dass die Seele dynamisch keineswegs eine vollkommen geschlossene Einheit bildet. Werden z. B. innerhalb einer Reihe von Handlungen im Experiment mehrere Handlungen vor Erledigung vom Vl. abgebrochen, so resultiert nur selten und nur in geringem Ausmaß ein >allgemeiner< Spannungszustand, der bei jeder neuen unerledigten Handlung weiter ansteigt. Statt *eines* Gesamtspannungszustandes, der auf Entspannung in beliebiger Weise, z. B. durch Weiterarbeiten an den bereits erledigten Handlungen drängt, ergeben sich eine Reihe relativ selbständiger, gespannter Systeme, die ihre relative Gesondertheit in verschiedener Richtung erweisen. Nur bei sehr starken Spannungen pflegt der Spannungszustand sich weit über die Nachbarbereiche hin auszudehnen.

105 Lewin verweist hier auf die Darstellung der Versuche seiner Schülerin Maria Ovsiankina (1898-1993) zur Wiederaufnahme von unterbrochenen Handlungen in *Vorsatz, Wille und Bedürfnis* (1926), vgl. Fn. 3, S. 49f: »Im Augenblick der Unterbrechung der ersten Handlung ist zunächst eine sehr starke *akute* Wirkung zu beobachten. Die Vp. *wehrt* sich gegen das Unterbrochenwerden, und zwar auch bei gar nicht besonders angenehmen Handlungen. Dies Sichwehren nimmt mitunter recht *hartnäckige* Formen an. Die gegen das Abbrechen gerichteten Kräfte hängen u. a. anscheinend mit dem Handlungsgeschehen als solchem, seiner Struktur und seinen Ganzheitsbezügen eng zusammen. In unserem Zusammenhang ist folgende Frage von besonderem Interesse: Was geschieht, wenn sich die Vp. schließlich instruktionsgemäß der die erste Handlung unterbrechenden *zweiten* Handlung zugewendet hat und diese auch *beendet* hat? Es ergibt sich, kurz gesagt, eine außerordentlich *starke Tendenz zur Wiederaufnahme der ersten Handlung.*« Sowie auf S. 81: »Bei der Vp., der die Aufgabe besonders unangenehm ist, und die später bei der Ausführung dennoch einen besonders sachlichen und gradlinigen Eindruck macht, haben sich die Spannungen des erzeugten Quasibedürfnisses mit dem Akt des Entschlusses ungleich stärker *von dem sonstigen Ich abgesondert* als bei den anderen Vpn. Die Grenzschicht, die damit zwischen dieses Quasibedürfnis und die übrigen psychischen Komplexe gelegt ist, wirkt nach beiden Seiten. Sie macht die Ausführungshandlung unabhängiger von den übrigen psychischen Spannungen (daher die Gradlinigkeit), aber sie scheint auch zugleich dem übrigen Individuum stärkeren Schutz gegen die Unannehmlichkeit jenes besonderen Prozesses zu bieten (die Traumhaftigkeit des Vorganges). So wird es verständlich, dass

66 Das Problem, ob das Seelische ein einziges homogenes System darstellt, in dem im wesentlichen alles mit allem zusammenhängt, oder ob es auch im Seelischen relativ gesonderte dynamische Systeme gibt, ist im übrigen nicht identisch mit dem Problem der *Einheit des >Ichs<*, wie es etwa bei dem Phänomen der >Spaltung der Persönlichkeit< akut wird, wennschon beide Probleme gewisse Beziehungen **99** zueinander haben.«[106]

Die Gerichtetheit des Verhaltens führt zur Zeitperspektive, die einerseits in die Zukunft weist, andererseits mit dem Gesetz der Gegenwärtigkeit des Verhaltens übereinstimmend bleibt. Etwa eine Vorsorge für die Zukunft zu treffen, muss mich jetzt beruhigen oder, wenn man so will, entspannen. Für das Erreichen eines zukünftigen Ziels ein gegenwärtiges Bedürfnis, etwa das nach Ruhe, hintanzustellen, muss mir

gerade bei einer Vp., die besondere Unannehmlichkeiten fürchtete, eine so weitgehende Objektivierung und Isolierung dieses speziellen psychischen Komplexes eingetreten ist.« – In »*Gestalt Therapy*« (1951) wird die »unerledigte Situation«, die zur Erledigung dränge, zentraler Ansatzpunkt.

106 Kurt Lewin, *Struktur der Seele*, vgl. Fn. 3, S. 33ff. Vgl. ferner auch das in Fn. 147 nachgewiesene Zitat (S. 83ff). Die Frage des Ichs bleibt nicht nur hier im Dunklen. Lewin scheint sich auf einen traditionell philosophischen Begriff des Ich-Bewusstseins und dessen identitätsstiftende Funktion zu beziehen. Wie diese in seinem Sinne darzustellen sei, darüber findet sich keine Auskunft. Spät, unvermutet taucht das Über-Ich auf: »Umerziehung ist häufig in Gefahr, nur das offizielle Wertesystem, den Bereich des Wortschatzes und nicht den des Verhaltens zu erfassen: sie hat möglicherweise nur das Ergebnis, die Diskrepanz zwischen dem Über-Ich [super-ego] (der Art, in der ich fühlen sollte) und dem Ich [ego] (der Art, in der ich wirklich fühle) zu vergrößern und auf diese Weise bei dem einzelnen ein schlechtes Gewissen zu verursachen. Eine solche Diskrepanz führt zu einem Zustand hoher gefühlsmäßiger Spannung, aber selten zu richtigem Verhalten« (*Das Verhalten, die Kenntnis u. die Übernahme neuer Werte* [1945], in: *Die Lösung sozialer Konflikte*, Bad Nauheim 1953, S. 102; engl., S. 63). Eine kluge Bemerkung, die vektorpsychologische Untermauerung bleibt er schuldig. Um den Freudschen Begriff handelt es sich nicht; wenn schon, dann in der Version von Fritz Perls, bei dem der »underdog« stets gegen den »topdog« obsiegt. Zudem wurde der Essay mit Paul Grabbe verfasst, sodass fraglich ist, wie streng die Begrifflichkeit jene Lewins widerspiegelt. Sein Werk ist eine Baustelle, von welcher der Architekt zu früh hinweggerafft wurde.

jetzt Genugtuung verschaffen, damit ich *diesen* Weg nehme. Falls ich hierbei Umwege einschlage, weil sie angenehmer zu gehen oder die Gegenden interessanter anzuschauen sind, stellen diese Charakteristika des Weges Ziele in sich selber dar, die ich höher bewerte als den Zeitgewinn des kürzeren Weges.

Wenn die Psychologie sich den ökonomischen Kategorien annähert, so nähert sich die Ökonomie etwa vertreten durch Ludwig von Mises[107] der Psychologie an, etwa indem er von »psychischem Einkommen« spricht, um nicht-monetäre, gar nicht-materielle Nutzenerwartungen ins ökonomische Kalkül einbeziehen zu können. Der Vorwurf, der Mensch sei doch kein »homo oeconomicus«, bleibt stumpf, wenn der effizienteste Weg nicht nach den angeblich objektiven Eigenschaften, sondern dem subjektiven Wert beurteilt wird.

Dem Gesetz der Gerichtetheit von Verhalten unmittelbar zuzuordnen sind zwei präzisierende Begriffe, der von einem **Anspruchsniveau** und von einer **Ersatzbefriedigung**.[108]

Das Anspruchsniveau definiert, ab wann vom Handelnden ein Ziel als »erreicht« empfunden wird. In einer seiner Filmaufnahmen zeigt Lewin, wie verschieden alte Kinder im Garten spielen.[109] Die Aufgabe besteht darin, Ringe von

107 Ludwig von Mises (1881-1973), der zweifellos wichtigste Ökonom des 20. Jahrhunderts, war wie Lewin Kantianer und hat mit der »Praxeologie« noch radikaler die Forderung nach strenger Gesetzmäßigkeit der Aussagen über das Handeln erhoben und darüber hinaus dem unbedingten Apriorismus das Wort geredet, was bei Lewin nicht der Fall war, der eher einem »anything *rational* goes« huldigte.

108 Zunächst spricht Lewin von »Ersatzhandlung«. Ein spezieller (für einen mit dem Werk Wilhelm Reichs [1897-1957] vertrauten Beobachter nicht unerwarteter) Fall von Ersatzbefriedigung ist gerade experimentell belegt worden: Bei männlichen Ratten auf Sex-Entzug steigert sich die Empfänglichkeit für Drogenaufnahme. Lauren N. Beloate et al., *Ventral Tegmental Area Dopamine Cell Activation during Male Rat Sexual Behavior Regulates Neuroplasticity and d-Amphetamine Cross-Sensitization following Sex Abstinence*, in: Journal of Neuroscience, 2016, 36. Jg., Nr. 38, S. 9949 bis S. 9961.

109 Auf der DVD (vgl. Fn. 17).

einem bestimmten markierten Punkt aus über einen Stab zu werfen. Die Neigung zum Mogeln, etwa näher heranzutreten oder die Ringe direkt um den Stab zu legen, anstatt sie zu werfen, ist unterschiedlich. Sie hängt nicht nur vom Alter der Kinder ab, sondern auch von der Konkurrenz der Kinder miteinander und der Art des Lobs oder gar der Belohnung für Erfolge. Die Unterschiedlichkeit der Anspruchsniveaus illustriert die Grundformel $V = f(P, U)$.

Neben der Frage, wann ein Handelnder ein Ziel als erreicht empfindet, stellt sich das Problem, was der Handelnde tut, wenn das Ziel nicht erreicht wird. Auch und gerade bei einem niedrigen Anspruchsniveau wird das Ziel als erreicht empfunden und damit gleicht die Spannung sich aus, die zum Handeln geführt hat; ja, je weniger der Handelnde die Spannung aushält, um so niedriger setzt er das Anspruchsniveau, um das Ziel schneller oder leichter zu erreichen und auf diese Weise die Spannung los zu werden. Die Spannung bleibt dagegen erhalten, wenn das Ziel sich als unerreichbar darstellt, sei's von Beginn an, sodass eine auf Zielerreichung gerichtete Handlung ganz unterbleibt, sei es, dass Versuche der Zielerreichung fehlschlagen und man die ganze Sache abbläst. Wohin mit ihr? Eine Ersatzhandlung muss gefunden werden, um die Spannung schließlich irgendwie doch noch zu reduzieren. Die Unerreichbarkeit eines Ziels bezeichnet man in der Psychologie gemeinhin als »Frustration«. Lewin entwickelte dazu eine interessante Hypothese, die jedoch – möglicherweise – in einen direkten Widerspruch zu Freud mündet. Freud wird die Behauptung zugeschrieben,[110] dass

---

110 Das gilt für Freud allenfalls, bevor er die Hypothese des Todestriebs eingeführt hat. Es wird das »Hydraulik-« oder »Dampfkesselmodell« genannt (Frustrationen stauen sich auf, bis sie in Aggression explodieren), das Freud in dieser Form nie vertreten hat. Gleichwohl wird die (angebliche) »Widerlegung« dieses Modells immer wieder als Argument gegen Freud ins Feld geführt. Vgl. Stefan Blankertz, *Die Geburt der Gestalttherapie aus dem Geiste Sigmund Freuds*, Berlin 2016, S. 12 ff.

auf Frustration mit Aggression reagiert werde. Hiergegen legten Experimente nahe, die Lewin durchführte,[111] dass die Reaktion auf Frustration in Regression bestehe, eine Hypothese, die die Aggressionstheorie der Gestalttherapie stützt. Aggression als ein zielgerichtetes Verhalten kämpft um die Erreichung des Ziels. Unter »Regression« versteht Lewin anders als Freud nicht die Rückkehr zu einem früheren Entwicklungsstadium des Individuums, sondern eine geringere psychische Differenzierung. Die Fähigkeit, Spannungen auszuhalten, hängt laut Lewin daran, dass die verschiedenen psychischen Bereiche relativ unabhängig voneinander bestehen können.[112] Eine Frustration im Beruf muss nicht bedeuten, dass auch das Privatleben völlig aus dem Lot gerät. In der Regression brechen die inneren Dämme und die ganze Person wird überschwemmt und bestimmt von der unerträglichen Spannung. Es kann zu Apathie kommen ebenso wie zu selbst- oder fremdschädigenden Gewaltausbrüchen, die jedoch keinen Bezug mehr zur Zielerreichung haben, wie es auch die gestalttherapeutische Aggressionstheorie darstellt: Die zielorientierte Aggression, welche ein Hindernis überwinden und die Barriere beseitigen will, schlägt um in die blinde Aggression, die keinem sinnvollen Ziel mehr dient außer dem, die unerträgliche Spannung abzubauen, aber selbst dies nicht zu Wege bringt.[113] Ehemalige gestalttherapeutische Theoretiker, jedoch auch Gestalttherapeuten selber unterstellen der ursprünglichen gestalttherapeutischen Aggressionstheorie, dass sie der vermeintlich empirisch widerlegten Frustrations-Aggressions-

---

111 Vgl. Kurt Lewin, Roger G. Barker und Tamara Dembo, *Frustration und Regression* (1943), in: KLW 6.
112 Vgl. ebd., S. 338 ff. Sowie Kurt Lewin, *Eine dynamische Theorie des Schwachsinnigen* (1933), in: KLW 6, S. 238 ff.
113 Ich muss zugeben, dass an dieser Stelle doch wieder etwas Teleologie ins Spiel kommt. Die antiken Philosophen sind eben nicht so leicht zu erledigen, wie Lewin es vermeinte.

Hypothese von Freud folge,[114] d. h. Frustration »fülle« eine Person wie einen Dampfkessel mit aggressiven Gefühlen, bis diese ausbrechen und sich abreagieren. Mit Hilfe der Lewinschen Frustrations-Regressions-Hypothese lässt sich dieser Vorgang allerdings weitaus präziser beschreiben.

Lewins zweiter Hauptsatz der psychischen Dynamik klingt, anders als der verstörende erste über die Gegenwärtigkeit des Verhaltens, zunächst so einleuchtend, dass es eigentlich überflüssig erscheint, ihn zu formulieren. Denn: Sofern das Verhalten kein Ziel hat, warum bewegt der Handelnde sich? Die Brisanz des zweiten Hauptsatzes zeigt sich erst, wenn wir uns vor Augen führen, wie weitgehend sowohl in der Psychologie als auch in der Soziologie fast fraglos genau umgekehrt davon ausgegangen wird, dass das individuelle Verhalten eine mehr oder weniger automatische Reaktion auf sozialen Einfluss und biografische Erfahrung sei. Gerichtetheit als zweiter Hauptsatz der psychischen Dynamik widerspricht genau wie der erste Hauptsatz der Vorstellung einer »Reaktionsweise der Lurche« (Adorno)[115] für menschliches Verhalten und der der leichten Manipulierbarkeit oder auch Konditionierbarkeit des Menschen.

»Das eigentliche Problem ist die Wirksamkeit von Kontrolltechniken. Wir werden die Probleme des Alkoholismus und der Jugendkriminalität nicht lösen, indem wir ›Verantwortungsgefühle‹ fördern. Es ist die Umwelt, die für das unzulässige Verhalten ›verantwortlich‹ ist, und es ist die Umwelt und nicht eine Eigenschaft der Einzelperson, die geändert werden muss.«[116]

---

114 Zum Beispiel Hilarion Petzold, Frank-M. Staemmler. Vgl. Stefan Blankertz, *Verteidigung der Aggression: Gestalttherapie als Praxis der Befreiung*, Wuppertal 2010. Es geht darum, ob nach Freud (oder Goodman) durch »Abreagieren« die Gewaltneigung reduziert werden könne.
115 Vgl. oben Fn. 60 (S. 38).
116 B. F. Skinner, *Jenseits von Freiheit und Würde* (1971), Reinbek 1973, S. 80. Dies Statement wird man heute in der diffus linken Ecke des Main-

Der Autor dieses steilen Statements ist niemand geringeres als B.F. Skinner, der als Gegenpol zu Freud einflussreichste Psychologe des 20. Jahrhunderts. – Der Beitrag von Skinner bestand darin, dass nicht nur ein gewohnter vergangener Reiz, sondern auch die vorweggenommene oder erwartete Konsequenz der Handlung eine Reaktion hervorrufe. Formal sind alle Konsequenzen einer Handlung den beiden Klassen der Belohnung (positive Verstärkung) und der Bestrafung (negative Verstärkung) zuzuordnen. Das durch Belohnung und Bestrafung »gesteuerte« Verhalten nannte Skinner die »operante Konditionierung«. Grundsätzlich lassen sich mit positiven Verstärkungen laut Skinner bessere Ergebnisse erzielen als mit negativen Verstärkungen. Vor allem jedoch müssen, um genau vorhersagbare Ergebnisse zu erzielen, die Konsequenzen so konstant wie möglich sein. Skinner behauptete eine unmittelbare Anwendbarkeit der

streams verorten. Das war nicht immer so. In ihrer scharfen Kritik am Buch Skinners unter dem Titel »*The Stimulus and the Response*« (1972, später in ihre Essaysammlung »*Philosophy: Who Needs It?*« aufgenommen, New York 1982) benennt Ayn Rand die philosophischen Einflüsse, aus denen er sein Lehrgebäude zimmere (S. 168: »Pragmatism, Social Darwinism, Positivism, Linguistic Analysis, with some nails by Hume, threads by Russell and glue by the New York Post«); typisch linke Theorien finden sich in der Aufzählung nicht. Darüber hinaus erwähnt sie mit Hochachtung die Zurückweisung von B.F. Skinners linguistischer Theorie (*Verbal Behavior*, 1957) durch Noam Chomsky (»*Verbal Behavior*« by B.F. Skinner, in: Language, 35. Jg., Nr. 1, 1959, S. 26-58). Es sei eine große Erleichterung, Chomskys Zurückweisung zu lesen, schreibt sie und vergisst nicht hinzuzufügen, dass Chomsky zur Neuen Linken zähle (S. 189). Die Neue Linke war bekanntermaßen der erklärte Feind für Ayn Rand. Wenn sie also sich in ihrer Kritik an Skinner auf einen Autor der Neuen Linken bezieht, muss es sich bei ihm um jemanden handeln, der noch jenseits dieser Auseinandersetzung steht. In der Tat, so sehr Ayn Rand alle Konzeptionen der Neuen Linken verachtete und ablehnte, der gemeinsame Grund, auf dem sie standen, war die Idee eines autonomen, mit Freiheit und Würde ausgestatteten Subjekts. Das Herunterbringen des Menschen zur »Reaktionsweise von Lurchen«, um abermals Adorno zu zitieren, als Utopie »jenseits von Freiheit und Würde«, wie Skinner sie formuliert, stellt eine noch tiefgreifende Bedrohung für den Wert der Freiheit dar, der für Ayn Rand der existenzielle Ausgangspunkt ist.

in den Experimenten an Ratten und Tauben gewonnenen Reaktionsmuster auf menschliches Verhalten, das bloß ein wenig komplexer sei. Im Prinzip sei, behauptete Skinner, alles das, was wir »Verhalten«, »Handlung« oder gar »Entscheidung« nennen würden, in Wirklichkeit Ergebnis operanter Konditionierung. Auf dieser Behauptung basiert die sogenannte Verhaltenstherapie. Aber Skinner ging noch darüber hinaus: Er nahm an, dass die ganze Gesellschaft mit Hilfe der gesteuerten operanten Konditionierung in eine gewünschte Richtung zu lenken sei. Einen Platz für »Freiheit« und »Würde« sah Skinner nicht vor und so lautet der Titel der zitierten Schrift »Jenseits von Freiheit und Würde«.[117] »Jenseits von Freiheit und Würde« ist gleichsam die Essayfassung früherer Thesen. Bereits in dem Roman »Walden Zwei«, den er 1948 herausgebracht hatte, verfolgte Skinner sie. Viel später erst sollte der Roman für Furore sorgen.[118] »Walden« ist der Titel des Berichtes aus dem Jahre 1854, den Henry David Thoreau[119] über sein Experiment eines einfachen, friedlichen, aber auch einsamen Lebens abfasste. Thoreau, der Begründer der Lehre vom zivilen Ungehorsam, wurde mit diesem Buch, das zu seinen Lebzeiten kaum Beachtung fand, zu einem Helden der Hippie-Bewegung der 1960er Jahre. In »Walden Zwei« nun zeige er ein einfaches und friedliches Leben auf, sagte Skinner, das zudem Gemeinschaft zulasse: »ein Walden *für* zwei«.[120] Die Gemeinschaft, die Skinner ersonnen hat, kennt weder die bekannten Formen von Regierung noch irgendwelche demokratischen

117 Wie dann eine Entscheidung über die einzuschlagende »gewünschte Richtung« gefällten werden *könne*, erklärt Skinner nicht: Eine solche Entscheidung ist laut seiner Theorie eigentlich gar nicht möglich, denn die Entscheidung bedürfte eines Entscheiders.
118 Der erste deutsche Titel lautete *Futurum Zwei* und erschien erst 1970. In Deutschland war »Walden« kein Begriff.
119 Henry David Thoreau, 1819-1862.
120 B. F. Skinner, *Walden Two* (1948), Indianapolis 2005, S. 209. Deutsch *Walden Two: Die Vision einer besseren Gesellschaftsform*, München 2002.

Strukturen. Skinner selbst rückte seine Utopie tatsächlich in die Nähe des Anarchismus.[121] In einem Essay »*News From Nowhere, 1984*«, veröffentlicht 1985, stellte er sich vor, dass George Orwell die Gemeinschaft »Walden Zwei« besuche und ihr sozusagen die Absolution erteile. Allerdings wird die Gemeinschaft »Walden Zwei« von einem Stab geleitet, der die »Planer« heißt.[122] Ihre Pläne, gestützt auf die »Wissenschaftler«, setzen »Manager« um.

Gegen solche Pläne und deren Umsetzung regt sich in der Gemeinschaft keinerlei Widerstand,[123] einfach darum, weil sie das Optimum an Lebensqualität bieten, über deren Definition sich scheinbar alle Mitglieder der Gemeinschaft einig sind.

Natürlich gibt es unter der Voraussetzung von Einigkeit niemals Konflikte, in keiner wie auch immer gestalteten Gemeinschaft.[124] In einem Kapitel von »*Walden Zwei*« etwa beschreibt Skinner folgende Versuchsanordnung, die dem Training der Selbstkontrolle und Emotionslosigkeit diene: Hungrig kehren die Kinder nach einer kräftezehrenden Wanderung heim. Der Tisch ist gedeckt, auf ihm stehen die dampfenden Schüsseln. Nun werden die Kinder angehalten, fünf Minuten zu verharren, bevor sie sich zum Essen setzen. Diese Übung, sagt der Erzähler, absolvieren die Kinder so,

121 B. F. Skinner, *News from Nowhere, 1984*, in: The Behavior Analyst, 8. Jg., Nr. 1, 1985, S. 6: »What had impressed Blair [George Orwell; Skinner stellt sich vor, dass er ›Walden Zwei‹ besucht] and brought him to Walden Two was the lack of any institutionalized government, religion, or economic system. That had been the dream of nineteenth-century anarchism, but it had gone wrong. Evidently it had gone right in Walden Two. ›You are the perfect anarchist‹, Blair said to Frazier [dem Begründer der Gemeinschaft von ›Walden Zwei‹] one day.«

122 Ayn Rand setzt sie kurzerhand mit »Hohepriestern«, (sowjetischen) »Kommissaren« und (nationalsozialistischen) »Gauleitern« gleich (*The Stimulus and the Response* [1972], in: dies., *Philosophy: Who Needs It?*, New York 1982, S. 177). Schmeichelhafter wäre da sicherlich eine Assoziation mit Platons *Politeia*.

123 Zum Widerstand als sozialanthropologischer Basiskategorie: Stefan Blankertz, *Widerstand: Aus den Akten Pinker vs. Anarchy*, Berlin 2016.

124 In Lewins berühmten Untersuchungen zu den sozialen Auswirkungen

»als sei es eine Rechenaufgabe«,[125] ebenso wie die spätere
verschärfte Variante: beim Warten haben sie zu schweigen
und dann wird zuerst nur einem Teil von ihnen gestattet, mit
dem Essen zu beginnen, während die anderen weitere fünf
Minuten warten müssen. Auf diese Weise unterbinde man
das Aufkommen von Neid. Schon 1973 als Jugendlicher hat
mich die Bemerkung von Gordon Rattray Taylor fasziniert,
bloß ein Collegeprofessor könne derart naiv sein zu glauben,
eine solche Versuchsanordnung werde zur Herausbildung
von Selbstkontrolle und nicht etwa zu Ressentiment oder zu
offenem Widerstand führen.[126]

Beim ersten Hauptsatz der psychischen Dynamik habe ich
die Analyse der Debatte um die Migrantenkriminalität be-
gonnen, die Migranten- hat die Jugendkriminalität, wie sie
in B. F. Skinners Statement von 1971 erwähnt wird, als das
gehypte Thema von gesamtgesellschaftlicher Besorgnis ab-
gelöst. Wenn auch nur noch selten offen Bezug genommen
wird auf ihn, so folgen doch beide Seiten der Debatte seiner
Denkweise. Die einen leiten die Überwahrscheinlichkeit
bei Migranten von ihrer Herkunft aus dem muslimischen
Kulturkreis ab. Dies ist eine Erklärung, die Lewin *historisch*
nennt und gegen seinen ersten Hauptsatz des Verhaltens,

von Führungsstilen weist der demokratische *nicht* den geringsten Level an
Aggressivität auf (Kurt Lewin, *Gleichgewichte und Veränderungen in der
Gruppendynamik* [1947], in: ders., *Feldtheorie in den Sozialwissenschaften*,
Bern 2012, S. 242ff, auch in: KLW 4, S. 257ff; engl. S. 207ff). Eine Autokratie, in der die Angst regiert, ist ebenso apathisch wie aggressionslos;
in einer Autokratie, die vor keiner »hinreichenden« Angstkulisse spielt,
herrscht die Aggression in einer Form, die das Erreichen von gemeinsamen
Zielen unmöglich macht. Dies ist eine schöne Bestätigung sowohl meiner
Auslegung der gestalttherapeutischen Aggressionstheorie (in *Verteidigung
der Aggression*, Wuppertal 2010) als auch der Widerstands-Anthropologie
von Christian Sigrist in der Auseinandersetzung mit den Thesen von Steven
Pinker (in *Widerstand*, vgl. Fn. 123).
125 B. F. Skinner, *Walden Two* (1948), Indianapolis 2005, S. 99. Apropos
Emotionslosigkeit & Selbstkontrolle: ¿Stoiker? ¿Calvinist?
126 Gordon Rattray Taylor, *Das Experiment Glück* (1972, englischer Titel
»Re-think«), Frankfurt/M. 1973, S. 317.

die Gegenwärtigkeit, verstößt. Sie entspricht der radikalen Milieutheorie, die in den 1960er Jahren eher von der linken Seite favorisiert wurde und sich heute in der Behauptung wiederfindet, die Geschlechtszugehörigkeit sei rein sozial bedingt. Die andere Seite der Debatte verweist zunächst auf die Kriegs-, Verfolgungs- oder Armutserlebnisse, welche zur Flucht geführt haben. Auch das wäre nach Lewin als Verstoß gegen den ersten Hauptsatz zu kennzeichnen. Ein weiteres Argument zur Erklärung der Migrantenkriminalität ist die Perspektivlosigkeit ihrer gegenwärtigen Situation. Dieses Argument steht im Einklang mit dem ersten Hauptsatz der psychischen Dynamik und ich habe es oben auch benutzt. Allerdings kann es ohne Hinzunahme des zweiten Hauptsatzes, des der Gerichtetheit von Verhalten, schnell falsch verstanden werden: Es besagt nicht, dass die Umwelt wie im Statement B. F. Skinners das Verhalten *allein* determiniere. Der Mensch verhält sich in und zu der Umwelt. Der Antrieb für das kriminelle Verhalten ist nicht die Umwelt, sondern die Gerichtetheit des Akteurs auf ein Ziel oder – wie ich es marxistisch formulieren würde: »Interesse«.[127] Für eine Veränderung wäre nach Lewin also nicht von der Kontrolle der Umwelt über das kriminell agierende Individuum auszugehen, wie Skinner es macht, vielmehr von der Möglichkeit, echte eigene Ziele in ihr realisieren zu können. Im Sinne von Paul Goodmans »unfertiger Gesellschaft«[128] ist gerade nicht das fertige oder optimale »Walden Zwei« die heilsame Umgebung, sondern jene, die unfertig genug ist, um noch *offen* zu sein für selbstgestaltete und selbstorganisierte Initiativen der Menschen. Der Appell an die Verantwortung, über welchen Skinner sich lustig machen zu müssen meinte,

127 Sehr selten verwendet auch Lewin den Begriff (z. B. *Gleichgewichte und Veränderungen in der Gruppendynamik* [1947], in: *Feldtheorie in den Sozialwissenschaften*, S. 259; KLW 4, S. 275; engl. S. 225: »vested interests«).
128 Vgl. Stefan Blankertz, *Minimalinvasiv*, Berlin 2015, S. 118 ff und 157 ff; »offen« erinnert, zuunrecht, an Sir Karl Popper.

verhallt ungehört, soweit es bloß eine geschlossene Gesellschaft gibt, in der Verantwortung gar nicht übernommen werden soll und kann; er ist um so nötiger.

Das begriffliche Instrumentarium der Feldtheorie: Topologie

Viele Inspirationen hat Lewin bezüglich eines angemessenen Instrumentariums skizziert, um psychische Tatbestände und Vorgänge zu beschreiben. Von diesem Instrumentarium ist bloß das »Feld« übrig geblieben. Was ist dieses Feld? Es gibt zwei Modi, es zu beschreiben, der eine ist »phänomenologisch«[129] oder, wie Lewin meist sagte, »topologisch«, der andere »dynamisch« oder »hodologisch«.

Die Topologie als Teilgebiet der Mathematik wurde erst zu Beginn des 20. Jahrhunderts begründet bzw. in ihren Grundannahmen bewiesen.[130] Es war für den mathematisch interessierten Lewin anregend, sich mit ihr zu beschäftigen. Das, was zum Instrument der Beschreibung von psychischen Tatbeständen tauglich ist, ist die Definition der geschlossenen Jordankurve. Sie bezeichnet eine in sich geschlossene und an keiner Stelle sich selber schneidende Linie.

Der von einer geschlossenen Jordankurve eingegrenzte[131] Raum oder eben das Feld beinhaltet psychologisch alles, was eine Person *physisch* begehen, erblicken, erreichen, fühlen, hören, zu Wege bringen, was sie *psychisch* sich rückschauend

129 Ebenso unglücklich ist die Lewinsche Formulierung »phänomenal«. Mit »phänomenologisch« sei hier ausdrücklich kein Bezug auf die philosophische Richtung der Phänomenologie hergestellt.
130 Der Jordansche Kurvensatz – die Ebene lässt durch eine geschlossene, überschneidungsfreie Linie sich in zwei unabhängige Räume zerlegen, von denen genau einer, d. h. *bloß* einer beschränkt ist – wurde zwar 1887 von Camille Jordan formuliert, jedoch erst 1905 von Oswald Veblen bewiesen.
131 Bei dem Lewinschen Begriff von der Grenze handelt es sich um einen völlig anderen als bei dem gestalttherapeutischen der Kontaktgrenze. In der topologischen Begrifflichkeit von Lewin müsste von »Regionen« des Kontakts gesprochen werden. Doch für Lewin spielte der Bereich der Berührung zwischen den Regionen, soweit ich sehe, kaum eine Rolle.

oder vorwegnehmend vorstellen, was sie vor ihrem geistigen Auge sehen und woran sie sich erinnern kann. Dies ist der »Lebensraum« der Person, der Raum, in welchem ihr Verhalten stattfindet, und umfasst als solcher sowohl die Person selbst als auch ihre Umwelt.

Eine von Beginn der Felddiskussion in der Psychologie bis heute fortdauernde Auseinandersetzung dreht sich um die Frage, inwiefern das Feld subjektiv psychologisch oder auch objektiv physikalisch definiert werden solle. Lewin scheint in dieser Frage ganz entschieden zu sein: Nahrung, die außerhalb des Versuchskäfigs liegt und vom Tier unter keinen Umständen wahrgenommen werden kann, ist nicht Teil seiner Umwelt.[132] Für dieses Beispiel ist die Antwort einleuchtend. Dem Menschen stellt sich allerdings stets auch das Problem, ob seine Wahrnehmungen und seine Konstruktionen der Wirklichkeit entsprechen.[133] Ich halte es für ein grobes Missverständnis, Lewin zu unterstellen, dies nicht mitbedacht zu haben. Die erkenntnistheoretischen und wissenschaftlichen Mittel, gleichsam kriminologisch eigene Wahrnehmungen

132 »Liegt das Futter hinter geschlossenen Türen am Ende des Labyrinths, sodass es weder gesehen noch gerochen werden kann, so gehört es nicht zum Lebensraum des Tieres. Wenn das Tier aber weiß, dass dort Futter ist, so muss natürlich dieses Wissen in seinem Lebensraum dargestellt werden, weil ja dieses Wissen das Verhalten beeinflusst.« Kurt Lewin, *Definition des »Feldes zu einer gegebenen Zeit«*, in: ders., *Feldtheorie in den Sozialwissenschaften*, Bern 2012 S. 100 (auch in der KLW 4, S. 148; engl. S. 57 f). »Nach meinem Dafürhalten liegt eines der grundlegenden Kennzeichen der psychologischen Feldtheorie in der Forderung, das Feld, durch welches ein Individuum bestimmt ist, nicht in >objektiven, physikalischen< Begriffen zu beschreiben, sondern in der Art und Weise, wie es für das Individuum zu der gegebenen Zeit existiert« (Kurt Lewin, *Feldtheorie und Lernen* [1942], in: ders., *Feldtheorie in den Sozialwissenschaften*, Bern 2012, S. 103 f; auch in der KLW 4, S. 159; engl. S. 62). Dieser Auffassung schließt sich beispielsweise auch Frank-M. Staemmler an, *Babylonische Sprachverwirrung? Über die vielfältigen Verwendungen und Bedeutungen des Feldbegriffs*, in: Gestalttherapie 20. Jg., Nr. 2, 2006, S. 30-62, vgl. dort besonders S. 42-44. »Der Abgrund, in den du stürzt, ist nicht deine Umwelt«, Paul Goodman, *Stoßgebete* (1972), Köln 1992, S. 75.

133 Michael Sonne, Jan Toennesvang, *Integrative Gestalt Practice* (2013),

und Konstruktionen der Wirklichkeit sowie die der Anderen zu überprüfen und gegebenenfalls zu korrigieren, sind nach meinem Verständnis Lewins Teil eines jeden Lebensraums.

Nach dem ersten Hauptsatz ist der Lebensraum von Gegenwärtigkeit gekennzeichnet, er enthält jedoch die Vergangenheit in Form von historischen sowie von biografischen Möglichkeiten, Handlungsfreiräumen und Fähigkeiten sowie die Zukunft in Form von Fantasien und Vorwegnahmen. Der Lebensraum ist kein unstrukturiertes Ganzes, sondern besteht aus Regionen, die mehr oder weniger unabhängig voneinander sind. Eine Person kann etwa mehrere Freundeskreise haben, zwischen denen es keine oder bloß wenige Überschneidung gibt, sie kann den Beruf des Buchhalters ausüben und als Hobby surfen und so weiter. Die Grenze des Lebensraums kann scharf verlaufen, ich kann Chinesisch etwa lesen, nicht aber sprechen, oder unscharf, etwa wenn ich einige Worte sprechen kann; sie kann undurchlässig sein, etwa kann ich anstellen was ich will, ich lerne einfach nicht, Chinesisch zu sprechen, oder elastisch, ich mache

London 2015, S. 8 ff. »The practical limitation in restricting the field concept to the psychological field is that it risks overlooking meaningful conditions and factors that exist outside the experiential horizon of the individual person (client).« (S. 9). Einen »Grad des Realismus« mahnt auch Lewin an (*Regression, Retrogression und Entwicklung* [1941], in: KLW 6, S. 318): »Die wahrgenommene Umwelt [scheint] im Laufe der Entwicklung von ihrer >subjektiven Färbung< zu verlieren. Was wahrgenommen wird, hängt weniger direkt von der wechselnden Gestimmtheit und den Bedürfnissen des Individuums ab. Dieser zunehmende Realismus der Wahrnehmung ist besonders auffällig in der Wahrnehmung sozialer Beziehungen. Anders gesagt sind Realität und Phantasie deutlicher geschieden. Man könnte diese Entwicklung bloß als Ausdruck vermehrter Differenziertheit des Lebensraumes, der vergrößerten >Distanz< zwischen Ich und Umwelt und der vermehrten hierarchischen Organisation verstehen. Doch haben wir es hier wahrscheinlich mit einer etwas andersartigen Dimension der Veränderung zu tun, nämlich mit einer zunehmenden Kristallisierung einer objektiven Welt innerhalb des Lebensraums und mit einer zunehmenden Tendenz, realistisch zu sein. Die Welt eines Geistesgestörten kann genauso hoch differenziert und organisiert sein wie die eines Normalen, doch kann ihr der Realismus des Normalen fehlen.«

immer weitere Fortschritte beim Erlernen der chinesischen Sprache. Innerhalb meines Lebensraums kann es Barrieren geben, etwa hindert mich eine Mauer am Weitergehen. Zwar weiß ich, dass der Weg hinter der Mauer weitergeht, vielleicht kann ich ihn sogar sehen, die Barriere allerdings nicht überwinden.

Die grundlegenden Begriffe der Lewinschen topologischen Psychologie: **Lebensraum** (äußerste Punkte der psychischen und der physischen Bewegungsfreiheit) > **Regionen** (relativ selbstständige Bereiche im Lebensraum) > **Barrieren**[134] (Begrenzungen von Bewegungsfreiheiten innerhalb des Lebensraums).

Die zentrale Frage Freuds nach einem Unbewussten scheint für Lewin bloß wenig interessant gewesen zu sein. Das **Unbewusste** könnte, wie ich vorschlagen will, dennoch topologisch dargestellt werden als eine Region, die sich zwar innerhalb des Lebensraums befindet, aber mit einer hohen oder gar undurchdringlichen psychischen Barriere umgeben ist.

Ein Beispiel für die topologische Darstellung einer Lebenssituation findet sich in **Grafik 2**.[135] Es handelt sich um eine als Kind traumatisierte und nun erwachsene Person »X«.

Die topologische Darstellung macht auf eine beklemmende Weise deutlich, wie weit der Lebensraum der Person durch den Täter eingeschränkt und nach wie vor dominiert wird.

Der Therapeut von X muss allerdings auch realisieren, dass er nicht der außenstehende Retter ist, sondern einerseits die Verbindung zum Täter wach hält sowie andererseits dem schreckerregenden Sozialamt zugeordnet ist, das über das

134 Mehr zu den Barrieren vgl. unten S. 77.
135 Lewin bevorzugte die unregelmäßigen Jordankurven in der Art von angedeuteten Ellipsen, unter seinen Studenten auch als »Eier« (Alfred J. Marrow, *Kurt Lewin* [1969], Stuttgart 1977, S. 49) oder »Blumenkohl« (Alexandre Métraux in der Einleitung zu KLW 2, S. 13) berüchtigt. Für drei weitere Beispiele siehe unten S. 129 bis S. 135.

I	3		4 Wald
	Onkel		2 Hund
Täter (Elternteil)	5 Sozialämter	6 Therapeut	X Wohnung
	9 Stadt		7 Hobby
			8 Freund

Die – (als Kind traumatisierte, nun erwachsene) – Person **X** hält sich überwiegend in der Wohnung auf, in welcher X sich einigermaßen sicher fühlt.

1 Täter ist ein Elternteil; er hat seinen Sitz in der gleichen Stadt.

2 Der unproblematischste Kontakt für X ist sein Hund.

3 Der Onkel unterstützt X – finanziell (Tierarzt, Hobby), handwerklich,
auch als Gesprächspartner. Zugleich hat er Kontakt zum Täter; dieser
Bereich wird im Kontakt mit X tabuisiert, ignoriert oder relativiert.

4 Die Waldspaziergänge mit dem Hund sind erholsam, der Wald ist sicher;
die Spaziergänge finden jedoch stets in Begleitung des Onkels (3) statt.

5 Die Ämter sichern die Existenz von X, erinnern allerdings immer an die
Traumatisierung und erscheinen X als unberechenbar.

6 Der Therapeut, der X wöchentlich zu Hause aufsucht, ist für X wichtig,
doch auch er erinnert an die Traumatisierung. Ambivalenz löst ebenfalls
die Angst aus, das Amt würde die Therapie nicht weiter finanzieren.

7 X geht einem Hobby nach, das ihn sporadisch mit Anderen in Kontakt
bringt.

8 Mit einer Person hat X sich angefreundet. Doch sobald der Bereich des
Hobbys verlassen wird, fühlt X sich unsicher ihr gegenüber.

9 Die Stadt identifiziert X stark mit dem Täter; darum ist sie kein sicherer
Ort für ihn.

Grafik 2: *Anwendungsbeispiel für die Topologie* 75

Schicksal von X Kontrolle hat. Die Barriere ist in diesem Fall genau die äußere Begrenzung des Lebensraums, d. h. die Undenkbarkeit für X, den Raum zu verlassen und sich außerhalb der Reichweite des Täters zu verorten: Die Reichweite des Täters ist psychologisch nahezu unendlich. Ein Hinweis darauf, dass es einen solchen Raum objektiv-physisch doch *gäbe*, ist für X nicht nur nutz-, sondern auch herzlos.

Das begriffliche Instrumentarium der Feldtheorie: Hodologie

Die Worte »Be- oder Weitergehen«, »Lernen« oder auch »Durchlässigkeit« verweisen schon auf den zweiten Modus des Lewinschen Instrumentariums zur Beschreibung von psychischen Vorgängen (Dynamiken) – das ist die »Hodologie«. Diesen Begriff hat Lewin selber geprägt, er leitet sich ab vom griechischen »ὁδός« (hodós), Weg. Es handelt sich demnach um die Lehre von den Wegen im Lebensraum, von der Dynamik, der Bewegung.

Die dynamische Definition des Feldes lautet, dem »Feld« gehöre alles an, was zum in Frage stehenden Zeitraum auf die Person an äußeren und inneren Kräften wirkt sowie alle Wirkungen, die von ihr auf die Umwelt einschließlich der Mitmenschen ausgehen. »Dynamik« sei eine Kategorie der Kausalität.

Die sieben wesentlichen Begriffe der Lewinschen Hodologie sind nach meinem Dafürhalten:

1. **Valenz**; darunter versteht er den positiven oder negativen Aufforderungscharakter, also die Kraft der Anziehung oder Abstoßung (eingeschlossen in diesem Begriff sind u. a alle Bedürfnisse & Quasi-Bedürfnisse). Sie weist den Weg, den Vektor, die Richtung, das Ziel (vgl. zweiter Hauptsatz der psychischen Dynamik). Die Valenz erzeugt 1.1 **Spannung**, die 1.2 **Lokomotion** (Bewegung, Dynamik) in Gang setzt.

2. **Konflikt**; zwischen verschiedenen Quellen von Valenzen

können Konflikte bestehen, sei es, dass es unterschiedliche, einander ausschließende Vektoren gibt, sei es, dass sie sich diametral gegeneinander richten.

3. **Handlungs-** oder **Spielraum**; was Dynamik (das heißt Lokomotion) erst möglich macht, sind die Wege, die offen stehen; eine Bewegungsfreiheit muss also gegeben sein.

4. **Barriere**; andererseits gibt es Hürden, die die Bewegungsfreiheiten einschränken, d. h. *natürliche* wie Berge, Flüsse, Gräben und Mauern, oder *soziale* wie Verbote. Die Möglichkeiten an diesen Barrieren sind: 4.1. **Beseitigen** (Umwerfen, Durchbrechen, Zerstören). 4.2. **Umgehen** (inklusive Überklettern u. a. räumlich reale Bewegungen). 4.3. **Ausweichen** auf die Ebene 4.3.1. *Fantasie, Halluzination und Ignorieren,* oder 4.3.2. *Ersatzhandlung und -befriedigung.*

5. **Kraft**; für die Ausführung einer Lokomotion (Bewegung) bedarf es neben der Spannung, die sie ausrichtet, einer Kraft oder Energie, die sie voranbringt.[136]

» Wenn hier der Energiebegriff und weiterhin der Begriff der *Kraft, der Spannung, des Systems* und ähnliche Begriffe verwandt werden, so kann dabei die Frage ganz offen gelassen werden, ob man dabei letzten Endes auf physikalische Kräfte und Energien zurückgehen soll oder nicht. Jedenfalls sind diese Begriffe m. E. *allgemein-logische Grundbegriffe aller Dynamik* (wennschon ihre Behandlung in der Logik sehr vernachlässigt zu werden pflegt). Sie sind keineswegs ein

---

136 Hubert Bonner (*Group Dynamics*, New York 1959, S. 495) meint, auf das Konstrukt von »Kraft« (force, energy) verzichten zu können, da: »the phenomena described by the concept of force can be represented by other terms, such as tension, or excitation state, and valence, or attraction to and repulsion by an object, individual, or situation. These are psychological variables which are known to operate in human behavior, both individual and collective.« Um dem zuzustimmen, bedarf es eines rigiden Standpunkts von Reiz und Reaktion: Die Erdnuss, die ich essen will, bewege mich durch ihre Valenz, sie zu essen, nicht ich bewege mich, um sie zu essen. Die Spannung, die etwa der Hunger auslöst, reiche aus, um mich auf die Erdnuss hin zu bewegen usw. (vgl. oben S. 50ff).

Spezificum der Physik, sondern zeigen sich, wenn auch bisher weniger präzis entwickelt, z. B. in der Ökonomik, ohne dass man deshalb etwa annehmen müsste, dass sich die Ökonomik irgendwie auf Physik zurückführen ließe.«[137]

Lewin differenziert zwischen **Kraft** und **Energie**: »Es gilt nicht minder für die Psychologie wie für die Physik, dass dabei keine eindeutige Beziehung zwischen der Größe der auftretenden *Kräfte* und dem *Energie* betrag des Geschehens besteht. Vielmehr können [einerseits] relativ geringe Kräfte bei geeigneter [?] Gestaltung des Gesamtfeldes relativ große Energiebeträge beherrschen und andererseits große Kräfte und Spannungen mit geringen Energien Hand in Hand gehen. So kann eine relativ geringfügige Verschiebung in der Art oder Richtung dieser Kräfte ein Geschehen dauernd in andere Bahnen leiten (das spielt z. B. in der Technik sozialer Herrschaftsverhältnisse eine sehr große Rolle).«[138]

6. **Kraftfeld**; um die Kraft bildet sich ein Feld, das unter dem Einfluss des Handelnden steht, ein **Machtbereich**.

7. **Anspruchsniveau**; eine wesentliche Frage besteht endlich darin, ab welchem Punkt ein Ziel als erreicht angesehen wird – also 7.1 **Sättigung** eintritt – oder welch eine Form von 7.2 **Ersatz** man ggf. akzeptiert, falls das ursprüngliche Ziel sich als nicht oder nicht vollständig erreichbar darstellt.

Wenn wir über Lewin hinaus noch die Region eines »Unbewussten« mit einbeziehen wollen, muss es auch einen dynamischen hodologischen Weg des Verdrängens geben. Die **Verdrängung** entstünde *achtens* durch Abschieben von Erinnerungen in die Regionen des Unbewussten, wobei die Barriere wie eine Rückschlagklappe funktionieren muss.[139]

137 Kurt Lewin, *Struktur der Seele* (1926), vgl. Fn. 3, S. 23f.
138 Kurt Lewin, *Struktur der Seele* (1926), vgl. Fn. 3, S. 25.
139 Dass es eine Möglichkeit gibt, Verdrängung hodologisch darzustellen, heißt nicht, dass es sie gibt oder dass sie, wenn es sie gibt, eine solche Rolle spielt, wie Freud meinte. Die Bedeutung von einzelnen Elementen, die sich darstellen lassen, muss auf einem anderen Wege geklärt werden.

Als Beispiel für die Hodologie von Lewin greife ich seine Idee aus der Schrift »*Die psychische Situation bei Lohn und Strafe*« auf, in der er sie 1931 das erste Mal entwickelt.[140] Lewin führt den Gedanken am Gebot durch, eine gewisse Handlung wie etwa die Erledigung von Schulaufgaben vorzunehmen, die der Person, in diesem Fall einem Kind, unangenehm ist. Von der Handlung geht demnach eine negative Valenz aus. Soll das Kind durch die Androhung einer Strafe (**Grafik 3.**2, *siehe* S. 81 oben rechts) zur Handlung getrieben werden, geht eine negative Valenz auch aus von der Strafe. Das Kind steht im Kraftfeld zweier Vektoren mit negativem Aufforderungscharakter. – Dafür, dass eine Strafandrohung ihr Ziel erreicht, die Ablehnung des Kindes dieser Aufgabe gegenüber zu überwinden, gelten drei Bedingungen:

1. Die Strafandrohung ist konsistent. Das Kind erwartet, die Strafe verabreicht zu kriegen, insofern es die Aufgabe liegen lässt, hingegen ungestraft zu bleiben, falls es sich fügt. Das Anspruchsniveau, bei welcher Qualität die Aufgabe als abgearbeitet gilt, muss hierbei von außen definiert und dessen Erreichung überprüft werden (extrinsische Motivation).

2. Die negative Valenz der Strafe ist größer als die negative Valenz der Aufgabe. Ist sie dies nicht, trotzt oder rebelliert das Kind und nimmt die Strafe ggf. in Kauf.

3. Die natürliche Reaktion darauf, zwischen zwei diametral entgegengesetzten Valenzen zu stehen, wäre auszuweichen. Ein solches Ausweichen können nur geeignete Barrieren verhindern.[141]

Die Form eines strafbewehrten Gebots ist nun sicherlich der einschneidendste sowie unangenehmste Angriff auf die Be-

---

140 Die bildliche Darstellung in **Grafik 3** (S. 81) entspricht nicht der von Lewin, vielmehr habe ich sie weiterentwickelt gemäß meiner Vorstellung.
141 Ein Ausweichen auf die Irrealitätsebene wie Halluzination oder Tagtraum ist jedoch fast nicht durch einen Außenstehenden zu kontrollieren und einzudämmen. Strafdrohungen gegen vermutete »Traumtänzereien« allerdings gehören zum Standardrepertoire repressiver Charakterbildung.

wegungsfreiheit einer Person. Dies zeigt sich in der hodologischen Darstellung nach Lewin besonders deutlich. Soll hingegen durch Inaussichtstellung von Belohnung zur Erledigung einer Aufgabe »verlockt« werden (**Grafik 3.**1), ist die topologische Situation anders: Die Belohnung steht nicht wie die Strafe der Handlung gegenüber, sondern liegt jenseits der Handlung. Um ihre Funktion zu erfüllen, bedarf die Belohnung keiner Barriere, wohl aber einer Qualitätsprüfung, um die Tendenz der Umgehung zu unterbinden, den Versuch, auch ohne Aufgabenerledigung die Belohnung zu kriegen. Denn die Belohnung verändert die Valenz der Aufgabe nicht. Wenn das Kind die Aufgabe erledigt, nicht um ihrer selbst willen (also ebenso extrinsische Motivation). Das bedeutet, dass das Kind für die Erledigung der Aufgabe ein weiterhin niedriges Anspruchsniveau hat und dieses wie im Falle der Strafandrohung von außen bestimmt werden muss. Bei Nichterledigung der Aufgabe droht einzig der Verlust der Belohnung, die darum hoch genug sein muss, um die negative Valenz des Durchgangs durch die Erledigung der Aufgabe zu kompensieren. Eine Rebellion ist »billiger« als bei Strafandrohung.

Bei einem Verbot, das die Folgsamkeit mit einer Belohnung stärkt (**Grafik 3.**3), stellt sich die hodologische Situation fast *genauso* dar wie bei der Belohnung, die zu einer Tätigkeit verlocken soll (**Grafik 3.**1); statt Qualitätsprüfung muss die Einhaltung des Verbots beaufsichtigt werden. Dagegen ist ein mit Strafe unterfüttertes Verbot (**Grafik 3.**4) hodologisch *anders* zu bewerten als ein Gebot, etwas zu tun oder sonst Strafe zu kassieren (**Grafik 3.**2). Ein Verbot, das bei Nichtbeachtung zur Strafe führt, braucht keine Barriere. Das Ausweichen auf einen Ersatz mit hinreichender positiver Valenz wird nicht sanktioniert. Beispiele sind Euphemismen für tabuisierte Worte der Sexualität oder des Fluchens. Verboten lässt sich leichter ausweichen als Geboten.

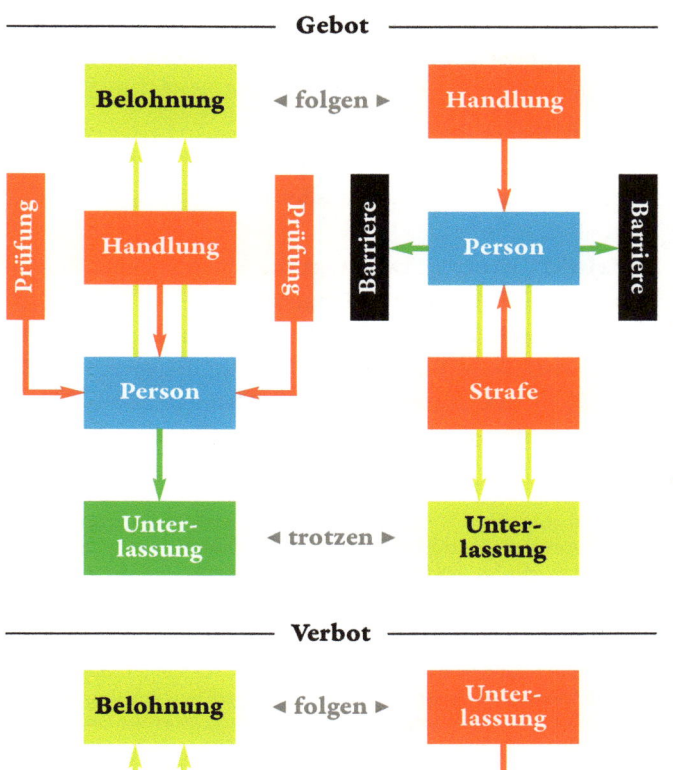

Grafik 3: *Anwendungsbeispiel für die Hodologie* 81

Der dreifach kritisch gebrochene Begriff der Ganzheit bei Lewin

Der Begriff der Ganzheit, den Lewin entwickelt, begründet in keiner Weise eine »holistische« Allumfassendheit, ist vielmehr dreifach kritisch gebrochen:

1. **Räumlich.** Der Lebensraum grenzt sich gegen die räumliche Unendlichkeit ab. Grundformel: $V = f(L) = f(P, U)$. $L = f(P, U)$.[142]

2. **Zeitlich.** Die Gegenwart ragt aus dem Strom der Zeit als Dynamik hervor (= erster Hauptsatz).

3. **Dynamisch.** Innerhalb des Lebensraums begründen die Ziele (Bedürfnisse) dynamische Handlungsganzheiten, die relativ selbstständig sind (= zweiter Hauptsatz).[143] Die Unstrukturiertheit eines holistischen »Großen und Ganzen« ist für Lewin kein Ziel. Ganz im Gegenteil, in der

142 L = Lebensraum, P = Person, U = Umwelt, V = Verhalten. Kurt Lewin, *Grundzüge topologischer Psychologie* (1936), Bern 1969, S. 223. Vgl. S. 22 ff.

143 Bisweilen wird das Phänomen der »spukhaften Fernwirkung« (Albert Einstein), der Quantenverschränkung, genutzt, um einen holistischen Allzusammenhang als naturwissenschaftlich erwiesen zu behaupten. Eine Quantenverschränkung liegt dann vor, wenn zwei oder mehr Teilchen so verschränkt sind, dass sie auch nach räumlicher Trennung sich gleich verhalten. Allerdings beweist die Quantenverschränkung das Gegenteil des holistisch Angenommenen, nämlich die Handlungsganzheit eines präzise bestimmbaren Systems, das sich gegen andere Umgebungseinflüsse abschottet. Als holistische Interpretation sei Harry Eilenstein (*Physik und Magie: Skizze eines umfasseneren Weltbildes*, Norderstedt 2011, S. 118) zitiert: »Die Quantenverschränkung ist ein wichtiger Baustein für das vereinheitliche naturwissenschaftlich/magisch-mythologische Weltbild. [...] Sie ist [...] vor allem deshalb so wichtig, weil die nicht-kausale Verbindung zwischen den Teilen eines Systems genau das ist, worauf die Magie beruht. [...] In dem magisch-mythologischen Modell [stehen] alle Vorgänge in einem Sinnzusammenhang miteinander [...], d. h. [...] die Welt [entfaltet sich in] koordinierter Weise [...], in der jedes Teil mit jedem anderen in Verbindung steht, sodass die Gesamtsymmetrie und die vielen Analogien und somit das ›große Gesamtmuster‹ stets erhalten bleiben.« Abgesehen davon, dass die Magie durchaus kausal ist, nämlich Kausalitäten bestimmt (wenn auch wissenschaftlich nicht nachvollziehbar oder im Widerspruch zu Naturgesetzen) angibt, muss auffallen, dass die Quantenverschränkung gerade keine Koordination zwischen »allen« Teilen beschreibt und kein »Gesamtmuster« ergibt, vielmehr umgekehrt die Koordination zwischen speziellen Teilen, die von anderen Faktoren unberührt bleiben.

»*dynamischen Theorie des Schwachsinns*«[144] formuliert er die These, dass die Unfähigkeit, im Lebensraum relativ selbstständige Regionen zu entwickeln und Spannungen in jener Region auszuhalten und dort zu belassen, wo sie entstehen, das wesentliche Problem »schwachsinniger« Kinder sei. Die Kritik der Ganzheit, wie sie Lewin in »*Über die Struktur der Seele*« 1926 darlegt, hat eine grundlegende Bedeutung:

»Die Seele gilt vielfach geradezu als Prototyp der Einheit. Die ›Einheit des Bewusstseins‹, die Einheit der Person werden häufig als Grundlage und selbstverständliche Voraussetzung weitreichender Gedankengänge verwendet und die Unteilbarkeit des Individuums gerade in seelischer Hinsicht erscheint eng verbunden mit der Sondernatur, der absolut einmaligen Eigenart, die man [?!] einem Individuum zuzuschreiben pflegt.

Bei genauerem Hinsehen ergeben sich hier jedoch eine ganze Reihe von Einheitlichkeitsproblemen. Die Frage der *Einheit des Bewusstseins* ist nicht identisch mit der Frage nach Einheit des Gesamtbereiches der psychischen Gebilde und Prozesse, der gespannten und ungespannten seelischen Systeme, deren *Totalität* man als *Seele* bezeichnen kann. Es ist ferner zumindest fraglich, ob nicht das, was man als ›Ich‹, als ›Selbst‹[145] bezeichnen kann, und dessen Einheitlichkeit für viele Probleme wichtig ist, nur einen Komplex resp. ein funktionelles Teilgebiet innerhalb dieser seelischen Totalität darstellt [...]. Wir sprechen hier nicht von diesem Problem der Einheit des Ichs, sondern nur vom Problem der dynamischen Homogenität der Seele.

144 1933. KLW 6. (Gemeint sind lernbehinderte und schwererziehbare Kinder. Lewin diskutiert Fälle einer Berliner Sonderschule.) Vgl. hierzu auch oben das Zitat S. 56ff.
145 [Fußnote von Lewin:] Vgl. James, *Psychologie*, Leipzig 1909. [William James (1842-1910) war ein wichtiger Vertreter des Pragmatismus sowie der Begründer der US-amerikanischen Psychologie. – Originaltitel: *Psychology: Briefer Course*, New York 1892.] [Zur Totalität vgl. unten Fn. 146.]

Ferner: Die seelische Totalität,[146] die Herr *X* darstellt[,] ist jedenfalls verschieden von der des Herrn *R* und der des Kindes *Q*. Diese Verschiedenheit, [die] die *Eigenart* der betreffenden Person ausmacht, ihre Individualität im Sinne des Sichabhebens ihrer Art von der Eigenart der anderen Individuen, dürfte sich irgendwie in jedem ihrer Vorgänge, Teile und Äußerungen als immer dieselbe spezielle, charakteristische Eigenart zeigen. Auch die Frage nach dieser Eigenart, also danach, ob und wie solche identische Charakteristika aller Vorgänge in dieser Seele aufweisbar sind und worin sie gegebenenfalls bestehen (eine Frage, die für die Individualpsychologie [Adlers?] grundlegend ist), wollen wir hier ganz ausschalten. Eine solche Eigenartigkeit alles dessen, was zu derselben seelischen Totalität gehört, könnte auch dann vorhanden sein, wenn sie dynamisch keineswegs eine feste Einheit (starke Gestalt) darstellt, wenn also etwa jede dieser Totalitäten einer ganzen physikalischen Welt zu vergleichen wäre und nicht die Einheitlichkeit eines physischen Organismus oder gar eines einzigen homogenen geschlossenen Systems besäße. Nicht die Frage der überall gleichen Eigenart der Vorgänge, die derselben seelischen Totalität angehören, wird hier erörtert, sondern lediglich die Frage nach der kausal-dynamischen Homogenität der Seele, nach dem Vorhandensein relativ gesonderter energiehaltiger Systeme. Schließlich sei folgendes hervorgehoben. Das Bestehen relativ getrennter seelischer energetischer Systeme hat nichts

146 Ein Unbehagen rührt spontan aus politischen Erfahrungen, die 1926 erst im Anfang standen (obgleich schon spürbar etwa in der UdSSR und in Italien). Doch vor allem innerhalb der Kritik der Ganzheit, die Lewin hier formuliert, ist der Begriff der Totalität fehl am Platze. Eingeführt wird der Begriff denn ja auch mit der Andeutung, das Gesamt der gespannten und ungespannten Systeme »*kann man* als Totalität der Seele bezeichnen«; *sollte man* es so bezeichnen? Später gebraucht Lewin, soweit ich sehe, den Begriff der Totalität kaum mehr positiv. – »Seele« übersetzen Adams und Zener 1935 mit »mind«, und »Totalität« ersetzen sie *manchmal* durch »unity«, vgl. u. S. 104, Fn. 186; Willis D. Ellis belässt es 1938 bei »soul«.

mit der Unterscheidung der verschiedenen seelischen >Vermögen<: des Gedächtnisses, des Willens, des Verstandes zu tun. Vielmehr ist das Aufheben der scharfen Grenze zwischen diesen Problemgebieten geradezu eine Voraussetzung für die hier vertretenen Gedankengänge.

" Daher ergibt sich: Zweifellos besteht in gewissen Sphären, z. B. innerhalb der Motorik eine relativ große Einheitlichkeit. Aber wie hoch immer man den Grad der Einheitlichkeit in einer seelischen Totalität ansetzen mag: eine entscheidende Voraussetzung für eine eindringendere psychologische Forschung bleibt [!?] die Einsicht, dass *innerhalb der Seele* Bereiche von außerordentlich *verschieden* engem Zusammenhang bestehen. Nicht ein einziges einheitliches System, sondern eine große Anzahl solcher >starken Gestalten< sind vorhanden, die zum Teil in Kommunikation miteinander stehen, also Bestandteile einer umfassenderen >schwachen Gestalt< bilden. Andere seelische Gebilde wiederum zeigen keinen irgendwie nennenswerten realen Zusammenhang. Die Auffassung der Seele als eines einzigen, in allen Teilen gleichermaßen einheitlichen Ganzen unterscheidet sich von der Auffassung der seelischen Totalität als eines summativen Inbegriffs von Erlebnissen im Grunde nur formal durch den Oberbegriff, aber nicht in einer für die Forschung relevanten Weise. Es gilt demgegenüber die Seele in ihrer *natürlichen Strukturiertheit*, also die psychischen Komplexe, Schichten und Sphären zu erkennen; es gilt festzustellen, wo Ganzheiten vorhanden sind und wo nicht.

" Die Bildung bestimmter seelischer Komplexe hängt zum Teil mit der ontogenetischen Entwicklung der Seele zusammen. Sie zeigt daher, wie jede Entwicklung, auch ein spezifisch >geschichtliches< Moment. [...]

" An und für sich liegt es gestalttheoretischem Denken nahe, das Ich vom seelischen Ganzen her, etwa als dessen strukturelle Eigenart zu verstehen. In der Tat liegt ein derartiger

Begriff dem Begriff des *Charakters* zugrunde, für dessen adäquate Konzeption man nicht von dem Vorhandensein bestimmter isolierter Eigenschaften, sondern von dem Ganzen der Person wird ausgehen müssen. Kommt man von hier aus zu den Problemen der seelischen, dynamischen Systeme, so wird man zunächst ebenfalls versuchen, das >Ich< mit dem Inbegriff des seelischen Ganzen gleichzusetzen.

Demgegenüber drängen eine Reihe von Fakten zu der Auffassung, dass man innerhalb des Seelischen einen besonderen Bereich als >Ich< im engeren Sinne abgrenzen muss. Nicht jeder psychisch existente Komplex würde diesem zentralen Ich angehören (z. B. nicht alle >Du<, nicht alle Dinge, Menschen und Umweltsphären, von denen ich weiß und die für mich eventuell sehr wichtig sind, die aber nicht meinem Ich zugehören). Diesem Ich-Komplex käme – und das ist das wichtigste – auch in funktioneller Hinsicht eine gewisse Sonderstellung zu. Nicht jedes psychische gespannte System stände in Kommunikation mit diesem Ich. Spannungen, die das Ich betreffen, hätten auch funktionell eine besondere Bedeutung im psychischen Gesamtorganismus [...], und es wäre möglich, dass innerhalb dieses Bereiches verschieden gerichtete Spannungen ungleich stärker zu einem Ausgleich tendieren und relativ abgesonderte dynamische Systeme sehr viel weniger leicht bestehen können.

Man wird zu einer solchen oder ähnlichen Konstruktion nur schreiten, wenn schwerwiegende Fakten der Dynamik, etwa auf affektivem Gebiete, dazu zwingen sollten. Hier ist nur darauf hinzuweisen, dass die Unterscheidung relativ gesonderter seelischer Systeme noch verschiedene Möglichkeiten für die Frage der Einheit und Einheitlichkeit des Ichs offen lässt. «[147]

---

147 Kurt Lewin, *Struktur der Seele* (1926), vgl. Fn. 3, S. 32ff. Typisch für Lewin (und sympathisch an ihm), diese Offenheit seiner Überlegungen bei gleichzeitig dezidiert vorgetragenen Standpunkten.

DER UNBEKANNTE LEWIN:
WISSENSCHAFTSLEHRE

Keinem Bereich des Schaffens von Lewin wurde so wenig Beachtung geschenkt wie seiner Wissenschaftslehre. Die Werkausgabe widmete ihr zwar zwei Bände, allerdings überschrieben mit »Wissenschaftstheorie«. Das ist mindestens missverständlich. Die Wissenschaftstheorie wird einerseits epistemologisch verstanden und fragt dann nach der alle Wissenschaften übergreifenden Methodologie sowie Erkenntnissicherung, andererseits soziologisch und fragt dann nach den sozialen Zusammenhängen, in denen Wissenschaft betrieben wird, etwa nach dem Erkenntnisinteresse. Epistemologisch kann man vor allem Lewins schon häufiger rezipierten Essay *»Der Übergang von der aristotelischen zur galileischen Denkweise in Biologie und Psychologie«* (1927) verstehen. Er kontrastiert dort die seiner Meinung zufolge antike Suche nach dem »Wesen« eines Gegenstandes mit der modernen Suche nach dessen Bewegungsgesetzen. Hierneben allerdings fragte Lewin vor allem auch danach, wie sich eine Wissenschaft als einzelnes Fach konstituiere, nicht soziologisch gesehen, sondern sachlich. Den Hintergrund für Lewins Frage bildet das Problem der Konstituierung der Psychologie. Lewin selber erlebte ja mit, dass und wie die Psychologie sich fast[148] als letztes Anhängsel der Philosophie verselbständigte. Seine akademischen Lehrer in der Psychologie hatten allesamt noch Lehrstühle der Philosophie inne.

---

148 Zuletzt folgte die Pädagogik, die, jedenfalls die bundesdeutsche, noch bis in die 1970er Jahre hinein an die Philosophie gekoppelt war, bevor sie sich dann als Erziehungswissenschaft ausgliederte.

Was also macht die Psychologie zu einer Fachwissenschaft? Welche Berechtigung hat sie in Relation zur Philosophie einerseits, zu den übrigen Wissenschaftszweigen andererseits? Wie wichtig Lewin die Wissenschaftslehre war, zeigt etwa, dass er 1920 die Habilitation zunächst mit der Schrift *»Der Begriff der Genese in Physik, Biologie und Entwicklungsgeschichte«* versuchte, damit allerdings scheiterte. In überarbeiteter Form erschien die Schrift 1922 als Buch, wurde aber bis heute wenig beachtet. Aus seinen Vorlesungen in den 1920er Jahren liegen umfangreiche Manuskripte vor, die unter dem Titel *»Wissenschaftslehre«* erst in der Werkausgabe 1983 veröffentlich wurden.

Man ist geneigt, im Großen und Ganzen die Existenz der verschiedenen Fachwissenschaften als gleichsam natürlich gegeben hinzunehmen. Die Lektüre von Lewins *»Wissenschaftslehre«* zeigt, dass man allen Grund hätte, an der Naturgegebenheit der Fächer zu zweifeln. Über den Gegenstand zum Beispiel lässt sich ein Fach nicht abgrenzen. Ein und der gleiche Gegenstand taucht in unterschiedlichsten Fächern auf, der Mensch etwa in der Biologie und in der Psychologie. Auch über die Methoden gelingt es nicht. Es gibt Methoden, die in vielen, ja allen Fächern Anwendung finden, etwa die Statistik. In den Fächern selber kommt es zu Übergängen von Methoden.

Der Vorschlag, den Lewin uns unterbreitet, um eine Wissenschaft als je *diese* Wissenschaft zu begründen, rankt sich um das von ihm selber kreierte Wort der »Genidentität«, heute noch missverständlicher als damals, denken wir bei »Gen« spontan an das biologisch definierte Gen. Mit den Begriffen der »Genese« und der »Genidentität« meinte Lewin jedoch etwas anderes. Ihm ging es um die Dynamik von Veränderung und Identität des Gegenstands der Wissenschaft über den gesamten Zeitraum der Untersuchung hinweg. Ein ganz einfaches Beispiel mag illustrieren, was Lewin mit den Begriffen »Genesereihe« und der »Genidentität« ausdrücken wollte. Wenn in einem abgeschlossenen System Wasser verdampft oder gefroren wird, wird der Dampf oder das Eis physikalisch immer noch als aus *diesem* Wasser hervorgegangen angesehen. Die Genidentität drücke sich in der Physik, wie Lewin schreibt, durch die Sätze der Erhaltung von Energie und Masse aus. Betrachtet dagegen ein Biologe das Heranwachsen eines Huhns aus dem Ei, so bleibt das Huhn durchaus nicht im physikalischen Sinne identisch mit dem Ei.[149] Genesereihe bedeutet *Entstehungsgeschichte* und Genidentität *Ursprungsgleichheit.*

Ob die »vergleichende Wissenschaftslehre« von Lewin angesichts der Entwicklungen in Physik und Biologie aufrecht erhalten bleiben kann, ja ob sie schon damals hinreichend war, ist unter den wenigen, die sich mit ihr auseinandergesetzt haben, umstritten.[150] Lewin war nie ein Dogmatiker. Stets fand er sich bereit, Hypothesen zu revidieren oder ganz zu verwerfen, insofern diese auf empirische Gegenbeweise stießen. Ich will mich nicht daran wagen, hierzu Stellung zu beziehen. Allerdings will ich zeigen, dass Lewins Ansatz hilft, Forschungsprobleme in der Psychologie zu klären.

Manche Kritiker der Konzeptionen von Lewin unterstellen, seine Begriffe von Kraft, Feld usw. seien in eben der Weise zu verstehen, wie sie in der Physik Verwendung finden oder, mindestens, in strenger Analogie zu dieser Verwendung.[151]

149 Kurt Lewin, *Der Begriff der Genese in Physik, Biologie und Entwicklungsgeschichte*, Berlin 1922, S. 55 f, auch in: KLW 2, S. 112 f.
150 Vgl. Alexandre Métraux, Einleitung zu KLW 2, S. 37 f.
151 Vgl. Hubert Bonner, *Group Dynamics*, New York 1959, S. 493-495: »In a devastating [!] criticism of the use of physical and mathematical concepts in psychology, which may well prove to be definitive, [Ivan] London [1944] takes Lewin severely to task for the latter's indiscriminate and inappropriate use of physical and mathematical constructs. The construct of force was used liberally by Lewin, despite the fact that modern relativity has outgrown the need for it. [...] The concept of field, at once so useful and ill-defined, can be neither wholly accepted nor rejected. As originally defined by Lewin it presents, in the face of modern relativity field theory, a

Wieder und wieder betont Lewin, dass etwa der Lebensraum *kein* physischer Raum sei.[152] Im psychologischen Sinne sind Erinnerungen ein Raum, den eine Person aufsuchen und in welchem sie sich *bewegen* kann, physikalisch ist diese Vorstellung unsinnig. Die Kraft, die nötig ist, um einen Baumstamm von einem Ort zu einem anderen zu transportieren, ist nicht dieselbe Kraft, die man nutzt, um einen Gedanken zu fassen. Der Baum war vorher da, und er ist nachher da, befindet sich bloß an einem anderen Ort. Eine Gedankenbewegung, an dessen Ende eine Einsicht steht, führt nicht nur von einer Ecke des Gehirns in eine andere und verlagert irgendwelche Elemente dorthin.

»Ganz unabhängig also von der Frage der Zurückführbarkeit der Psychologie auf Physik wird die Behandlung der kausaldynamischen Probleme die Psychologie [einerseits] zwingen, die Grundbegriffe der Dynamik nicht wie vielfach bisher promiscue[153] zu verwenden, sondern zu einer differenzierteren Begriffsbildung auf dynamischem Gebiete überzugehen.

66

paradox. In field theory everything is in motion in relation to something else, and yet the concept of field in modern physics is essentially a static one. The past, present, and future of any motion exist simultaneously in a static field. Motion is a curve, a >world line< or >world path<, or a set of successive >now's< of an observer stationed in space-time. [Ivan] London makes the telling point that an event in relativity is >a point in a static space-time continuum which is connected with prior and future events by means of world lines. It does not result from the dynamic interaction of physical factors, as Lewin would aver, but from the intersection of an observer's world cross-section with the world lines embedded in the static four-dimensional space-time continuum.<«

152 In *Über Idee und Aufgabe der vergleichenden Wissenschaftslehre* (1925, in: KLW 1, S. 49-76) etwa beklagt Lewin die Tendenz der vergleichenden Wissenschaftslehre, »Gleichheiten bei wesentlich ungleichen Gebilden« vorzutäuschen, z.B. sei »der Begriff >Raum<, sofern er in der Psychologie auftritt, nicht dem Raumbegriff der Physik äquivalent« (S. 71 f). So scharf wie als 21 jähriger formulierte er es später nie wieder, nämlich »dass die psychischen Objekte im Gegensatz zu den physischen *unräumlich* sind« (*Das Erhaltungsprinzip in der Psychologie* [1911], in: KLW 1, S. 83).

153 Aus dem Lateinischen *promisc(u)us* (ungesondert, gemeinschaftlich): unklar, durcheinander.

Physikalische Analogien können dabei häufig ohne Schaden zur Verdeutlichung herangezogen werden. Andererseits wird man sich z. B. bei der adäquaten Erfassung der psychischen Feldkräfte gewissen, sehr naheliegenden Irrgängen gegenüber immer gegenwärtig halten müssen, dass es sich um Kräfte im *psychischen* Felde und nicht im physikalischen Umfeld handelt.«[154]

Besonders deutlich wird das Problem der »Genidentität« zum Beispiel in der Kritik von Biologen und Neurologen an Freuds »Traumdeutung«.[155] Freuds Traumdeutung könne nicht richtig sein, denn neurologisch gesehen entstehe der Traum, indem das Gehirn sinnlose, das heißt nicht auf sinnlichen Wahrnehmungen basierende Signale erhalte, denen krampfhaft versucht werde, ein Sinn beizulegen, was jedoch nicht gelingen könne. Mit der neurologischen Erklärung der Traumentstehung ist die biologische Forderung nach »Genidentität« vollständig befriedigt. Es ist erklärt, wie es zu der Vortäuschung falscher Wahrnehmungen kommt: Mit der Sinnlosigkeit der Wahrnehmung korrespondiert die Sinnlosigkeit des Trauminhalts, ist mit ihr vom Ursprung her identisch und damit hat sich's.[156] Was will man mehr? Freuds Traumdeutung berührt die Erklärung aber in keiner Weise, denn die Frage, die sich mit Freud stellt, lautet: Warum weist die Person den objektiv neurologisch gesehen sinnlosen Reizen *diesen* und keinen anderen Sinn zu? Hier greift die Forderung der *psychologischen* Genidentität. Es interessiert nicht der neurologische Vorgang, der zur Entstehung *eines* Traums führt, sondern der Ursprung *des* Traumgedankens.

154 Kurt Lewin, *Struktur der Seele* (1926), vgl. Fn. 3, S. 24.
155 Beispielsweise Edward O. Wilson und Jan Born. Vgl. Stefan Blankertz, *Die Geburt der Gestalttherapie aus dem Geiste Sigmund Freuds*, Berlin 2016, S. 60-68.
156 Möglicherweise wurzelt die Zurückhaltung zwischen Kurt Lewin und Kurt Goldstein in dieser Differenz. Goldsteins Theorie ist im Wesentlichen organismisch, Lewins nicht. Solche Feinheiten und Differenzen im Raume

In wiefern ist der Traumgedanke mit der Person verbunden? Es muss eine Identität der Person mit dem Traumgedanken geben, damit der Traum als Traum *dieser* Person und nicht als irgendein Traum angesehen werden darf.

Schließlich diene die Mem-Theorie von Richard Dawkins als aktuelles Anschauungsobjekt für Lewins Überlegungen zur Wissenschaftslehre. Richard Dawkins ist der geniale Begründer der Theorie vom »egoistischen Gen« und damit der ganzen Soziobiologie. Bei diesem Übergriff der Biologie in die Soziologie stellte Dawkins fest, dass zumindest beim Menschen nicht alle sozialen Phänomene mit Hinweis auf eine Tendenz jedes einzelnen Gens, sich zu verbreiten, erklärbar sind. Um den hier klaffenden soziologischen »Restbereich« ebenfalls besetzen zu können, postulierte Dawkins die Existenz von »Memen«, abgeleitet von »*memory*«, Erinnerung. Meme sind Einheiten an Fertigkeiten, Gedanken, »Glaubenssätzen«, Ideen, Kenntnissen, Tätigkeitsmustern und Überzeugungen. Der Mem-Theorie von Dawkins nach *verhalten* Meme sich ebenso wie Gene: Sie okkupieren die Köpfe der Menschen und benutzen sie als Kopiermaschinen, so wie die Gene die Organismen als Kopiermaschinen zur eigenen Reproduktion einsetzen.[157]

Nun entsteht hier genau der gleiche Fehler wie der, den die Kritiker Lewin bei der ihm unterstellten Entlehnung von physikalischen Begriffen ankreiden. Das Gen ist ein Etwas, das biochemische Eigenschaften besitzt und an einem Ort sich befindet, wo es nach Gesetzmäßigkeiten etwas auslöst.

des »mindfucking« haben Fritz Perls selbstredend nicht die Bohne interessiert.

157 Richard Dawkins, *Das egoistische Gen* (1976), Reinbek 2000, S. 304ff. Für eine psychologische Ausarbeitung der Mem-Theorie vgl. Susan Blackmore, *Die Macht der Meme, oder: Die Evolution von Kultur und Geist* (1999), Heidelberg 2000. Es ist ein besonderer Umstand der Mem-Theorie, dass dem Menschen die Subjekthaftigkeit, die Intention und die Entscheidung abgesprochen wird, wohingegen dann die Ideen wie handelnde Subjekte erscheinen. Apotheose Hegels ... *incipit* deutscher Idealismus = Etatismus.

Bei Weitergabe des Gens löst es Identisches in dem neuen Organismus aus oder verändert sich und hat dort u. U. dann eine zufällig mutierte Wirkung. Bei dem Gedanken ist das anders. Selbst wenn ein neurologisches bildgebendes Verfahren uns zeigt, wo der Gedanke im Gehirn entsteht oder lokalisiert ist, ist dieser Ort im Gehirn für den Gedanken und seine Wirkung bedeutungslos. Die »Mutation« eines Gedankens folgt anderen Gesetzmäßigkeiten als denen des Gens, es ist eine Veränderung, in welcher Zusammenhänge, Einsichten und Entscheidungen eine wichtige Rolle spielen. Die »Genidentität« im Sinne Lewins eines Gens und diejenige eines Gedankens unterscheidet sich grundlegend.

In den letzten Jahren erfreuen sich die neurologisch festgestellten »Spiegelneuronen« einer großen Beliebtheit.[158] Die erst in den 1990er Jahren unter Primaten entdeckten Spiegelneuronen sind Nervenzellen, die im Organismus beim Betrachten eines Vorgangs die gleiche Aktivität zeigen wie während einer eigenen Durchführung des gleichen Vorgangs. Mit den Spiegelneuronen, deren Existenz beim Menschen man eher vermutet als wirklich bereits nachgewiesen hat,[159] wird vor allem die Empathie als nun naturwissenschaftlich begründet angesehen. Auch hier wieder die Absicht, das menschliche Verhalten aus dem Bereich der Psychologie in das der naturhaft-unwillkürlichen Reaktion umzusetzen, als sei das Psychische weniger wirklich und überdies weniger wert als das Biologische, Chemische oder Physikalische. Auf diesem Weg aber bleiben die Handlungs-

158 ... merkwürdigerweise besonders unter humanistischen und anderen alternativen Psychologen, die sonst nicht müde werden, die atomistische, kausalitätsfixierte (Experimental-)Wissenschaft der »westlichen Welt« zu geißeln. Von dieser Kritik werden jedoch die Idealtypen jener Wissenschaft, Neurologie und (Quanten-)Physik, ausgenommen, die vermeintlich sich holistisch umdeuten und vereinnahmen lassen.
159 Um die Sache noch weiter zu verkomplizieren, gibt es eventuell auch noch Antispiegelneuronen, die bei Beobachtung und Selbsttätigkeit genau entgegengesetzt sich verhalten = ¿»Biohass«?

kompetenz und die Entscheidungsfreiheit auf der Strecke. Es wäre das Projekt der Therapie der Gesellschaft durch die Wissenschaft, wenn es gelänge, der Wissenschaft die Metaphysik der Unfreiheit auszutreiben.

»Die experimentelle Willens- und Affektpsychologie hatte [...] zu Beginn des [20.] Jahrhunderts um Anerkennung gegen eine vorherrschende Einstellung zu ringen, die den Willensentschluss, den Affekt und die Stimmungen in das Reich der Dichtung und schöner Worte verwies, in ein Reich also, dem nichts entsprach, was im Sinne des Wissenschaftlers als existierend anzusehen gewesen wäre. Obwohl jeder Psychologe in seinem Privatleben in Wirklichkeit mit diesen Tatsachen [!] zu tun hatte, wurden sie aus dem Bereich der Tatsachen (im wissenschaftlichen Sinne) verbannt. [...] Vor der Erfindung der Atombombe war der Naturwissenschaftler in der Regel kaum zum Eingeständnis bereit, dass soziale Phänomene den gleichen Realitätsgrad besitzen wie physische Gegenstände. Hiroshima und Nagasaki veranlassten anscheinend [?!] viele Naturwissenschaftler zur Meinungsänderung. [...] Die Bombe hat mit dramatischer Eindringlichkeit vor Augen geführt, wie soziale Ereignisse sowohl das Ergebnis als auch die Entstehungsbedingungen physischer Ereignisse sein können.«[160]

160 Kurt Lewin, *Cassirers Wissenschaftsphilosophie und die Sozialwissenschaften* (posthum 1949 erschienen), in: KLW 1, S. 354f. Lewin konnte nicht mehr miterleben, wie in Psychologie und Soziologie erneut jede Entscheidungsfähigkeit bestritten wurde, während man Naturwissenschaft in »soziale Konstrukte« verwandelte.

MAGICAL MYSTERY TOUR:
LEWIN IN DER VERSCHWÖRUNGSTHEORIE

Bei meinen Recherchen zu Kurt Lewin bin ich auf eine absonderliche Verschwörungstheorie gestoßen. Dr. John Coleman, den eigenen Angaben zufolge einst für den britischen Geheimdienst »MI6« tätig, behauptet in seinem Klassiker »*Conspirators Hierarchy: The Story of the Committee of 300*« von 1997, Kurt Lewin sei verantwortlich für 1. die Flächenbombardierungen der Achsenmächte durch die Alliierten im zweiten Weltkrieg, 2. die Etablierung des US-Geheimdienstes OSS (der Vorgängerorganisation des CIA) sowie 3. die Gehirnwäsche der Deutschen in Folge des zweiten Weltkriegs mittels »re-education«. Nachdem er diese Geschichte unter dem Titel »*The Tavistock Institute of Human Relations: Shaping the Moral, Spiritual, Cultural, Political and Economic Decline of the United States of America*« 2005 fast unverändert ein zweites Mal erzählte, hat Daniel Estulin sie 2015 als »*Tavistock Institute: Social Engineering the Masses*« recycelt.[161] Daniel Estulin ist der Verschwörungstheoretiker, der es mit der spanischen Ausgabe seines »Bilderberger«-Buches[162] dahin brachte, 2010 ausgiebig vom Máximo Líder Fidel Castro (1926-2016) höchstselbst zitiert zu werden.[163] Die Herleitung des Vorwurfs, »verantwortlich« für die Flächenbombardierungen im zweiten Weltkrieg zu sein, läuft über eine angebliche Beteiligung am »United States

---

161 Hinweis für Insider: Beide, John Coleman und Daniel Estulin, werden dem Lager von Lyndon LaRouche zugerechnet.

162 Daniel Estulin, *Los secretos del Club Bilderberg*, Barcelona 2006.

163 Chris McGreal, *Fidel Castro meets with Daniel Estulin*, The Guardian, August 28. 2010.

Strategic Bombing Survey«. Diese Untersuchung über die Auswirkung von strategischen (Flächen-) Bombardements wurde gegen Ende und nach dem Krieg durchgeführt. Sie diente eher der Abwehr von inneralliierten Zweifeln am militärischen Sinn des Luftkriegs, kam allerdings zu keinem eindeutigen Ergebnis, das heißt, die Erwartung des Auftraggebers wurde nicht erfüllt. Aus der Untersuchung wollte man Schlussfolgerungen für zukünftige Strategien ziehen, auf den Verlauf des zweiten Weltkriegs hatte sie keinen Einfluss. Bis zu tausend Wissenschaftler waren mit der Untersuchung beschäftigt. Die Untersuchung ist öffentlich leicht zugänglich und die Hauptverantwortlichen werden dort genannt. Es gibt keinen Grund, weshalb Lewins Name hätte unterschlagen werden sollen.

Später dann, fährt Coleman fort, habe Lewin »die Strategic-Bombing-Initiative in die FEMA integriert«.[164] FEMA steht für »Federal Emergency Management Agency«. Sie wurde 1979 gegründet, da war Kurt Lewin seit 32 Jahren tot. Die angebliche Höhle des Löwen, das »Tavistock Institute« in London, wird ebenso als Lewins Kreatur dargestellt, und er sei der »Chef-Theoretiker« des Instituts gewesen,[165] das allerdings erst ... nach seinem Tod gegründet wurde.

164 John Coleman, *Das Komitee der 300: Hierarchie der Verschwörer* (1997), Gelnhausen 2014, S. 162. Laut dem noch ominöseren Gyeorgos C. Hatonn, *Players in the Game: Destiny of Doom*, Nevada 1993, S. 136 »kreierte« das Tavistock Institute auch die NATO. Hatonn ist der erste, den ich als den Verbreiter der Tavistock-ist-das-Zentrum-des-Bösen-Story ausfindig machen konnte. Möglicherweise ist die inhaltliche, nicht verschwörungstheoretisch ausgebaute Quelle bei Caspar von Schrenck-Notzing, *Charakterwäsche: Die Re-education der Deutschen und ihre bleibenden Auswirkungen* (1965), Graz 2005, S. 104ff, zu finden.

165 John Coleman, *Das Tavistock Institut, Auftrag: Manipulation* (2005), Gelnhausen 2014, S. 37. Auch bei der Gründung der *Tavistock Clinic* 1920 spielte Lewin offensichtlich keine Rolle. 1920 beschäftigte Lewin, 30 Jahre alt und international unbekannt, sich mit Experimenten zur Widerlegung des Assoziationismus (vgl. oben S. 31ff). Der Gründer der Klinik, Hugh Crichton-Miller (1877-1959), war übrigens Jungianer. Eine Verbindung zu Lewin bestand nicht.

Daniel Estulin zitiert aus einem Essay von Lewin, in dem Lewin das Brechen der Moral durch »strategischen Terror« darstellt. Es ist offensichtlich, dass Lewin die Erfahrungen aus dem Terror des Stalinismus und des Nationalsozialismus verarbeitet und keineswegs gutheißt. Doch Estulin deutet die Passage um als eine »Anleitung zur psychologischen Kriegsführung«.[166] Lewin sei, wie »viele andere deutsche Intellektuelle«, aus Deutschland geflohen, weil er Jude und keineswegs weil er mit Hitler nicht einverstanden war.[167] In den USA »verfeinerte er die durch die Nazis formulierte Technik der führerlosen Gruppe«, plante, den Amerikanern »die faschistoide [fascist-like] Form der Kleingruppenorganisation« aufzuzwingen.[168] Eine führerlose Gruppenstruktur als Nazi-Idee? Die Kleingruppe als typische Form faschistischer Organisation? Damit der Merkwürdigkeiten nicht genug. Lewin sei von der »Frankfurter Schule« gekommen.[169] Sicherlich, es gab neben dem »Frankfurter Institut für Sozialforschung« von Horkheimer und Adorno

166 Vgl. Daniel Estulin, *Tavistock Institute: Social Engineering the Masses*, Chicago 2010, S. 10. Die Passage ist aus Kurt Lewin, *Time Perspective and Morale* (1942), in: ders., *Resolving Social Conflicts*, New York 1948 (dt. *Die Lösung sozialer Konflikte*, Bad Nauheim 1953), S. 111: »Indeed, one of the main techniques for breaking morale through a ›strategy of terror‹ consists in exactly this tactic – keep the person hazy as to where he stands and just what he may expect. If in addition frequent vacillations between severe disciplinary measures and promises of good treatment, together with the spreading of contradictory news, make the ›cognitive structure‹ of the situation utterly unclear, then the individual may cease to know even whether a particular plan would lead toward or away from his goal. Under these conditions, even those individuals who have definite goals and are ready to take risks will be paralyzed by severe inner conflicts in regard to what to do.« Eine Lesart, die Lewin unabhängig von jeder Verschwörungstheorie eine Anfälligkeit für Sozialtechnokratie bescheinigt, findet sich auch bei dem Marxisten Mel van Elteren, *Lewinian Social Psychology and Research of the Work Process 1917-1947* (1990) – als pdf auf der DVD der Fernuniversität Hagen (Fn. 17) – S. 8 ff. – Das Zitat auf Deutsch s. S. 102.
167 Estulin, ebd.
168 Estulin, ebd., S. 10 f.
169 Estulin, ebd., S. 140 u. ö.

auch eine »Frankfurter Schule der Gestaltpsychologie« (die Estulin aber offensichtlich nicht meint), doch der gehörte Lewin nicht an, sondern der »Berliner Schule der Gestaltpsychologie«. Von Adorno trennte ihn aber vor allem sein Engagement für die Empirie. Und weder mit Marx[170] oder Hegel[171] noch mit Freud[172] hatte er viel im Sinn. Aber, wie kann es anders sein, auch Adorno ist angeblich eine Schlüsselfigur im Tavistock-Imperium. Für irgendeinen Zusammenhang zwischen Adorno und Tavistock gibt es wiederum keinen Beleg, außer dem einen, dass Adorno in

170 Obwohl Kurt Lewin mit dem Marxisten Karl Korsch und seiner Frau Hedda eng befreundet war, gibt es – nach meiner Übersicht – keinen Hinweis auf Marx im Werk von Lewin, auch keinen indirekten.

171 Auf Hegel wird sehr selten in sehr unbestimmter Weise verwiesen, wie z. B. Kurt Lewin, *Struktur der Seele* (1926), vgl. Fn. 3, S. 11, »dass vor allem auf dem Gebiete des Lebendigen dem Hegelschen Ausdruck gemäß die Quantität leicht in die Qualität umschlägt«. Dass laut G. W. F. Hegel der dialektische Umschlag von Quantität in Qualität *leicht* erfolge, ist allenfalls als Ironie zu verstehen. Meint Lewin hiermit: Vom Forschungsdesign des Empirikers her gesehen »unbeabsichtigt«? Oder eher umgekehrt: Der Empiriker gehe implizit davon aus, dass seine quantitativen Messungen Qualitäten anzeigen? (Auch diese beiden Ansichten wären nicht der von Hegel gemeinte Sinn.)

172 Freud kommt hin und wieder bei Lewin vor. Einmal nennt er dessen Werk »glänzend«, wenn auch methodologisch unzureichend (*Grundzüge der topologischen Psychologie* [1936], Bern 1969, S. 25) oder »einseitig« (*Gesetz und Experiment in der Psychologie* [1929], in: KLW, Band 1, S. 284). Den Libido-Begriff stellt er als *spekulativ* neben die Begriffe Assoziation und Instinkt (*Formalisierung und Fortschritt in der Psychologie* [1940], in: KLW, Band 4, S. 42). Wesentliche Konzepte von Freud, darunter das Unbewusste, die Verdrängung oder der Ödipus-Komplex, finden bei Lewin keine Erwähnung; wie den Begriff der Libido betrachtet Lewin die gesamte Triebtheorie Freuds äußerst kritisch. Die Rückführung des Verhaltens auf die Biografie – d. i. »Psychoanalyse« – steht Lewins erstem Hauptsatz der psychischen Dynamik der Gegenwärtigkeit des Verhaltens diametral entgegen. Vgl. Kurt Lewin, *Psychoanalyse und Topologische Psychologie* (1937), in: ders., *Schriften zur angewandten Psychologie*, Wien 2009, S. 121-130. Das einzige Konzept der Psychoanalyse, mit dem Lewin sich ausführlicher und dabei aber auch sehr kritisch auseinandergesetzt hat, ist die Regression (z. B. ebd., S. 126 ff). Bloß den Begriff Ersatzhandlung und -befriedigung übernimmt er (zunächst in der Form »Ersatzerledigung«, vgl. Kurt Lewin, *Vorsatz, Wille und Bedürfnis* [1926], vgl. Fn. 3, S. 47 ff u. S. 72 ff). Das Bewusstsein tangierte Lewin schlicht nicht. Zum Über-Ich vgl. oben Fn. 106.

einem Projekt zur Untersuchung von Massenkultur neben einem Wissenschaftler arbeitete, der später ans Tavistock-Institut wechselte.[173] Und wenn man schon die »falschen« Leute kennt und ihnen womöglich die Hand zur Begrüßung geschüttelt hat, ist man – schwuppdiwupp – Teil der Verschwörung. Wie schon bei Lewin, zitiert Estulin Adorno in einer Weise, dass er, sooft er das Wort »faschistisch« benutzt, das damit Bezeichnete nicht ablehne, vielmehr zum Ideal erhebe. Das ist, als wenn man F.A Hayeks *»Road to Serfdom«* (1944) derart auslegte, dass es eine Anleitung für Herrschende darstelle, das Volk knechten zu können.

Euphemistisch behauptet Max Horkheimer 1953 in seinem Vorwort zu der deutschen Ausgabe von *»Resolving Social Conflicts«* – weiß der Teufel, wer oder was ihn geritten hatte, es zu verfassen –: »Innige Bezüge meiner eigenen Arbeit zu der Lewins ergaben sich, als ich in den Vereinigten Staaten an der Erforschung von Problemen der Minderheiten tätig war. Unser Forschungsgegenstand, die Diskriminierung von Minderheiten, war der gleiche, und wir haben guten Kontakt gehalten.«[174] Das ist glatt gelogen. Die Gruppen um Lewin und um Horkheimer konkurrierten miteinander. 1944 schrieb Adorno an Horkheimer, die »F-Skala« sei »unser ›Gegenschlager‹ gegen das Zeug von Lewin«.[175] Die F-Skala war allerdings eine ziemlich konventionelle Angelegenheit. Mit Hilfe der Zustimmung von Befragten zu bestimmten Aussagen, bei denen sie nicht merken durften, dass sie auf ihr Verhältnis zu

173 Radio Research Project der Rockefeller Foundation, 1937ff. Federführung: Paul Lazarsfeld (1901-1976). In diesem Projekt war auch Gordon Allport (1397-1967) beschäftigt, der später die Interessen des Tavistock Institute in den USA vertrat. 1941 schied Adorno aus dem Projekt aus, weil es Meinungsverschiedenheiten über die anzuwendenden Methoden gab.
174 Max Horkheimer im Vorwort zu Kurt Lewin, *Die Lösung sozialer Konflikte*, hg. v. Gertrud Weiß Lewin, Bad Nauheim 1953, S. 8.
175 Zit. nach Rolf Wiggershaus, *Max Horkheimer: Unternehmer in Sachen »Kritische Theorie«*, Frankfurt/M. 2013 (eBook, daher keine Seitenzahl).

Minderheiten anspielten, sollte »Faschismusanfälligkeit« determiniert werden. Da sah Lewins Ansatz doch deutlich innovativer aus; er sei, schreibt er 1946, den »Umfragen in Sachen Intergruppenbeziehungen gegenüber etwas bedenklich geworden. Obgleich sie möglicherweise [!] wichtig sind, haben sie sich in der Regel ziemlich oberflächlicher Methoden der Auswahl [...] bedient. [...] Der zweite Grund der Unzufriedenheit ist die wachsende Erkenntnis, dass reine Diagnose – und Umfragen sind eine Art Diagnose – nicht genügt. Im Falle der Intergruppenbeziehungen wie anderer Gebiete der Sozialarbeit ist die Diagnose durch experimentelle vergleichende Studien über die Wirksamkeit verschiedener Methoden der Veränderung zu ergänzen.«[176]

Letztendlich schießt dann aber John Coleman den Vogel ab und die goldene Verschwörerhimbeere geht an ihn. Denn allen Ernstes will er uns weismachen, dass niemand anderes als Adorno die Songs der Beatles komponiert und getextet habe, natürlich im Auftrag des Tavistock Institute, und zwar aus dem einen einzigen sinistren Grund, um die westliche Kultur zu unterminieren. – Doch der Reihe nach. – Adorno musste nicht wie Lewin Deutschland verlassen, weil er Jude war, sondern weil die »deutschen Behörden auf seine Tätigkeit aufmerksam geworden waren«.[177] Diese »Tätigkeit« bestand darin, wie Coleman suggeriert, diabolische Musikexperimente mit Kindern durchzuführen (das entnehme ich dem Kontext, explizit sagt er an der Stelle nicht, was die »deutschen Behörden« an Adornos Tätigkeit auszusetzen hatten). Und »mit seinen eigenen Worten sagte Adorno, dass seine Musik stalinistisch oder faschistisch sei«,[178] da haben wir also den Beweis; leider aber sucht man vergeblich

---

176 Kurt Lewin, *Tat-Forschung und Minderheitenprobleme* (1946), in: ders. *Die Lösung sozialer Konflikte*, Bad Nauheim 1953, S. 283; engl. S. 204f.
177 Coleman, *Das Komitee der 300*, a. a. O. (Fn. 164), S. 97.
178 Coleman, ebd., S. 98.

nach einer Quellenangabe für diese Selbstoffenbarung von Adorno. Wie jeder Musikliebhaber weiß, basiert die Musik der Beatles auf Schönbergs Zwölftontechnik; und jedem, der schon einmal auch nur einen Blick in die Werke von Adorno geworfen hat, leuchtet sofort ein, dass Adorno am laufenden Band hitverdächtige Zeilen wie »*Yeah, Yeah, Yeah*« oder später auch »*Lucy in the Sky with Diamonds*« und »*I'm the Walrus*« einfallen mussten. Als ihm die Beatles nicht mehr zum Angriff auf den westlichen Kapitalismus reichten, entwickelte er den »Heavy Metal«. Auch das muss als posthume Kreation angesehen werden, selbst wenn man »Heavy Metal« mit dem Album »*Led Zeppelin II*« beginnen lässt, das im Oktober 1969 erschien. Adorno starb im August des Jahres. Der Begriff allerdings kam erst in der zweiten Hälfte der 1970er Jahre auf. Und wer um Himmels willen hat dann die unter Adornos Namen publizierte »*Negative Dialektik*« getextet? Womöglich John Lennon? Oder dann doch eher noch Paul McCartney?

Das traurige Ende vom Lied will ich euch nun ebenfalls nicht vorenthalten: Da John Lennon schließlich rebellierte und »aus dem Adorno-Tavistock-Plan« ausstieg, »sollte das zu seinem Tod führen«.[179] 1980 ist der Teufel Adorno also dem Grab entstiegen und hat seiner guten alten Heimaterde noch einmal die letzte Ehre erwiesen, indem er den Abtrünnigen John Lennon in einem Akt höherer Gerechtigkeit erschoss. Schade eigentlich, dass die LaRouche-Leute Adorno nicht bezichtigen, er habe die Bob-Dylan-Lieder komponiert. Dann wäre er jetzt posthum Literaturnobelpreisträger. Und vielleicht hätte der andre Teufel, Kurt Lewin, sich ja mit ihm freuen dürfen.

179 Coleman, ebd., S. 104. – Bereits der Beschäftigung, auch in bloß halbernster Form, mit Verschwörungs»theorien« haftet etwas Anrüchiges an. Das ist nicht klug. Soweit sie lächerlich sind, soll ihre Lächerlichkeit offenbar werden. Sofern sie ernsthaft argumentieren, kann man sie überprüfen.

»In der Tat besteht eins der Hauptmittel, die Moral durch [66] die >Strategie des Terrors< zu brechen, in genau dieser Taktik – den Betreffenden über seinen Standort und über das, was ihm bevorsteht, im Unklaren zu lassen. Wenn außerdem häufige Schwankungen zwischen strengen Disziplinarmaßnahmen und Aussichten auf gute Behandlung gleichzeitig mit der Verbreitung sich widersprechender Nachrichten die >Erkenntnisstruktur< der Lage äußerst unklar machen, dann weiß der Mensch nicht einmal mehr, ob ein bestimmter Plan zu seinem Ziele hin oder von ihm wegführen würde. Unter diesen Umständen werden sogar diejenigen Menschen, die bestimmte Ziele haben und zu einem Risiko bereit sind, durch heftige innere Konflikte für die zu treffenden Entscheidungen gelähmt.« [99]

Kurt Lewin, 1942 [180]

---

180 Kurt Lewin, Zeitperspektive und Moral (1942), in: ders. Die Lösung sozialer Konflikte, Bad Nauheim 1953, S. 163 (engl. S. 111). Während Daniel Estulin (vgl. Fn. 166) in dieser Passage eine Anleitung zum Terror erblickt, inkriminiert Caspar von Schrenck-Notzing (in: Charakterwäsche [1965], Granz 2005, S. 106) eine andere Bemerkung von Lewin (Der Sonderfall Deutschland [1943], in: ebd., S. 79; engl. S. 47): »Es ist kaum vorstellbar, dass [die Deutschen] in der Lage sein werden, frei zu handeln, solange sie die Gestapo und andere Meister eines zehnjährigen Terrors lebendig und frei auf der anderen Seite der Straße sehen.« Damit ist zumindest sichergestellt, dass Lewin den Terror der Gestapo nicht als Ideal hingestellt hat.

1

In »*Gestalt Therapy*« (1951) von Fritz Perls, Ralph Hefferline und Paul Goodman[181] findet sich unter den ganz wenigen
Zitaten aus Quellen der Gestaltpsychologie eins von Kurt
Lewin. Damit erhält es einen hohen Stellenwert. Es stammt
aus »*Die Struktur der Seele*« von 1926, hier bereits mehrfach
erwähnt. Das Zitat ist dem »*Source Book of Gestalt Psychology*« (1938) von Willis D. Ellis entnommen. – In diesem
Buch stellt Ellis der amerikanischen Wissenschaft die Überlegungen vor, die aus der deutschen Gestaltpsychologie hervorgegangen sind. Viele der Gestaltpsychologen waren zu
dem Zeitpunkt schon vor den Nationalsozialisten in die
USA geflüchtet.[182] Ausdrücklich nennt Ellis seine Quellen
»Abstracta und Zusammenfassungen« – »direkte Über-
setzungen sind absichtlich auf ein Minimum reduziert«.[183]

2

Das **Zitat**, »*Gestalt Therapy*«, 1951: »What is the relation
between the neurotic patient's on-going self-regulation and
the therapist's scientific conception of healthy organismic-

181 Zur Autorenschaft des Buches vgl. Stefan Blankertz, *Gestalt begreifen:
Arbeitsbuch zur Theorie der Gestalttherapie* (1996), Neuausgabe Kassel 2018,
S. 155ff.
182 Wenige der Gestaltpsychologen stellten sich an die Seite der Nationalsozialisten, etwa Felix Krueger (1874-1948), Vertreter der Leipziger Ganz-
heitspsychologie, sowie Walter Poppelreuter (1886-1939), der den Gestalt-
Begriff zwar benutzte, der Gestaltpsychologie allerdings nur in einem sehr
weitläufigen Sinne zugerechnet werden kann.
183 Willis D. Ellis, *A Source Book of Gestalt Psychology*, New York 1938
(Nachdruck: Gouldsboro, ME 1997: The Gestalt Journal Press), S. X.

self-regulation? With respect to this question we do well to pay careful attention to the following words of Kurt **Lewin**: >It is particularly necessary that one who proposes to study whole-phenomena should guard against the tendency to make the wholes as all-embracing as possible. The real task is to investigate the structural properties of a given whole, ascertain the relations of subsidiary wholes, and determine the boundaries of the system with which one is dealing. It is no more true in psychology than in physics that »everything depends on everything else«.<«[184]

3

Übersetzt **1935** von D. K. Adams und K. E. Zener: »Exactly when problems of wholeness are central, one must beware of the tendency to make the wholes outwardly as extensive as possible. Above all, it must be clear that concrete research must always go beyond vague generalities to inquire about the structure [*Strukturiertheit*][185] of the wholes concerned into subwholes, and about the special boundaries of the superordinate systems determining the particular case. There is an inclination, probably correct, to regard the unity of the whole region of the psychical which makes up an individual as relatively greater than the unity of physical nature. But the proposition >Everything is related to everything else,< which by no means adequately portrays the conditions in physical nature, is also not wholly valid for the unity of the mind, although in both cases it contains an element of truth.«[186]

184 PHG, *Gestalt Therapy*, New York 1951, S. 276f (in der Ausgabe Highland, NY 1994: The Gestalt Journal Press, S. 54). Diesem Lewin-Zitat weist auch Frank-M. Staemmler eine wichtige Position in »*Gestalt Therapy*« zu: *Babylonische Sprachverwirrung? Über die vielfältigen Verwendungen und Bedeutungen des Feldbegriffs*, in: Gestalttherapie, 20. Jg., Nr. 2, 2006, S. 41.
185 Die [eckige] Klammer stammt von den Übersetzern.
186 Kurt Lewin, *On the Structure of the Mind*, in: ders., *A Dynamic Theory of Personality* (1935), London 2013, S. 87. Wohlgemerkt: *unity* < Totalität und *mind* < Seele.

Weder die Übersetzung von »*Gestalt Therapy*« aus dem Jahr
1979 noch die aus dem Jahr 2006 nutzt das **Original 1926:**
»Gerade wenn man Ganzheitsprobleme in den Mittelpunkt
stellen will, wird man sich vor der Tendenz hüten müssen, die
Ganzheiten äußerlich möglichst umfangreich zu machen.
Vor allem wird man sich klar darüber sein müssen, dass die
konkrete, über allgemeine Vagheiten hinausgehende Forschung allemal nach der Strukturiertheit der vorliegenden
Ganzheiten in Unterganze und nach den speziellen Grenzen
der im Einzelfalle maßgebenden Systemganzen wird fragen
müssen. Man neigt wahrscheinlich mit Recht dazu, die Einheitlichkeit des Gesamtbereiches des Seelischen, das ein Individuum ausmacht, als vergleichsweise höher anzusetzen als
die Einheitlichkeit der physikalischen Natur. Aber der Satz
>alles hängt mit allem zusammen<, der die Verhältnisse in der
physikalischen Natur keineswegs adäquat wiedergibt, gilt
auch nicht für die Totalität der Seele, obschon er in beiden
Fällen in gewissem Ausmaße richtig ist.«[187]

Diese komprimierte Überlegung steht bei **Lewin** in folgendem Kontext: »Man pflegt gegenwärtig die Einheit der Seele
wieder stärker zu betonen. Das soll ein Protest sein gegen
das >atomistische Zerfällen< der Seele in stückhaft nebeneinander stehende Empfindungen, Gefühle und sonstige Erlebnisse. [...]

187 Kurt Lewin, *Struktur der Seele* (1926), vgl. Fn. 3, S. 29. Dieser Essay
von Lewin nimmt eine Schlüsselstellung in seinem Werk ein. Er enthält das
erkenntnistheoretische Programm, das Lewin seiner Arbeit zugrundelegt
und das er in der Psychologie wirksam sehen möchte, sowie *in nuce* die
topologischen und vektorpsychologischen Annahmen, mit denen er später
operieren wird, aber noch ohne seine berüchtigten »Eier« oder »Blumen-
kohlgebilde« als Visualisierungen einzusetzen. Sein kritisch gebrochener
Begriff der Einheit ist m. E. heute wertvoller denn je. – (Obwohl W. D. Ellis
»nur« paraphrasiert, überträgt er *totality* und *soul* direkt.)

Zunächst ist allgemein Folgendes [sic] zu bemerken: Gerade   66
wenn man Ganzheitsprobleme in den Mittelpunkt stellen
will, wird man sich vor der Tendenz hüten müssen, die
Ganzheiten äußerlich möglichst umfangreich zu machen.
Vor allem wird man sich klar darüber sein müssen, dass die
konkrete, über allgemeine Vagheiten hinausgehende Forschung allemal nach der Strukturiertheit der vorliegenden
Ganzheiten in Unterganze und nach den speziellen Grenzen
der im Einzelfalle maßgebenden Systemganzen wird fragen
müssen.

Man neigt wahrscheinlich mit Recht dazu, die Einheitlich-   66
keit des Gesamtbereiches des Seelischen, das ein Individuum
ausmacht, als vergleichsweise höher anzusetzen als die Einheitlichkeit der physikalischen Natur. Aber der Satz >alles
hängt mit allem zusammen<, der die Verhältnisse in der
physikalischen Natur keineswegs adäquat wiedergibt,[188] gilt
auch nicht für die Totalität der Seele, obschon er in beiden
Fällen in gewissem Ausmaße richtig ist.

Dass ich vor fünfundzwanzig Jahren mich beim Aufwachen   66
darüber gefreut habe, dass ich an diesem Tage nicht in
die Schule zu gehen brauchte, dass ich einen Drachen habe
steigen lassen, zu spät zum Mittag gekommen bin, sehr
viel Nachtisch gegessen habe, im Garten gespielt habe und
was alles die folgenden Tage und Wochen an Erlebnissen
ausgefüllt hat, das mag unter gewissen Umständen (etwa in
der Hypnose) reproduziert werden können und ist also nicht
in jedem Sinne tot. Ja zweifellos spielt die Gesamtheit der
Erlebnisse der Kindheit für die ganze Entwicklung und also
auch für das gegenwärtige Verhalten eine ausschlaggebende
Rolle und gewisse besondere Erlebnisse können noch eine
akute Bedeutung für das gegenwärtige seelische Geschehen
haben. Jedes einzelne vergangene alltägliche Erlebnis mag

188 [Fußnote von Lewin:] Vgl. Köhler, *Die psychischen* [sic, physischen!]
Gestalten, [Braunschweig 1920], Erlangen 1920 [1924]. Vgl. unten S. 110ff.

also das gegenwärtige Seelenleben noch >*irgendwie*< beeinflussen. Aber dieser Einfluss ist in den meisten Fällen nicht anders zu bewerten als der Einfluss irgendwelcher spezieller Änderungen eines Fixsternes auf das physikalische Geschehen in meiner Stube: *nicht dass ein Einfluss besteht, ist festzustellen, sondern dass der Einfluss außerordentlich klein, annähernd null ist.*

66 Diese Einflusslosigkeit gilt keineswegs nur zwischen zeitlich weitab liegenden Erlebnissen. Ich sehe zum Fenster hinaus und beobachte die Bewegungen der Rauchfahne eines Schornsteins. Gewiss *kann* ein derartiges Erlebnis in einem besonderen Falle das sonstige Seelenleben stark beeinflussen; aber im allgemeinen hängt mit den tausend täglichen >kleinen Erlebnissen< keineswegs jedes andere psychische Geschehen zusammen. Das Verhalten würde sich nicht oder eben nur >unmerklich< verändern, wenn sehr viele Erlebnisse nicht oder anders eingetreten wären.

66 Der Satz: >im Seelischen hängt alles mit allem zusammen<, ist jedoch durchaus nicht nur deshalb unzulänglich, weil es notwendig ist, Entscheidendes vom Unwichtigen zu trennen. Es genügt nicht, an seiner Stelle etwa[189] zu sagen: >zwar nicht jedes, wohl aber jedes starke oder bedeutsame Erlebnis hängt mit den übrigen seelischen Geschehnissen zusammen<. Auch ein solcher, sozusagen quantitiv[190] korrigierter Satz bleibt unzutreffend.

66 Der Zusammenhang der psychischen Ereignisse untereinander und die Breite des Einflusses jedes einzelnen Erlebnisses auf die anderen psychischen Prozesse ist nicht einfach von seiner Stärke, ja nicht einmal von seiner realen Wichtigkeit abhängig. Die einzelnen psychischen Erlebnisse, die Handlungen und Affekte, Vornahmen, Wünsche und Hoffnungen sind vielmehr *eingebettet in ganz bestimmte [!] seelische Ge-*

189 Konjektur aus »etwas«.
190 quantitativ?

bilde (Komplexe), *Persönlichkeitssphären* und *Geschehens-ganzheiten.* Man wird z. B. mitten in einer Unterredung tele-phonisch wegen einer gleichgültigen Angelegenheit ange-rufen, die man mit ein paar Worten erledigt. Dann mag die Gesamtsituation etwa zu einer beschleunigteren Beendigung des Telephongespräches führen. Aber die einzelnen Erleb-nisse, Wünsche und Absichten, die in der vorausgehenden Unterredung eine entscheidende Rolle gespielt haben und die auch die nunmehr wiederaufgenommene Unterhaltung grundlegend beeinflussen, sind für das Telephongespräch in der Regel so gut wie bedeutungslos, sofern nicht außer-gewöhnlich starke Spannungen vorliegen.

Ob und wie zwei psychische Ereignisse aufeinander ein- "
wirken, hängt also weitgehend davon ab, ob sie in *denselben* oder in *verschiedene* Gesamtprozesse eingebettet sind, resp. welche *Stellung [!] diese verschiedenen seelischen Komplexe zueinander haben.* So kann ein an und für sich schwaches Erlebnis für bestimmte, zeitlich eventuell relativ entfernte psychische Ereignisse von wesentlicher Bedeutung sein, während sehr viel stärkere psychische Erlebnisse selbst auf zeitlich näher liegende Vorgänge, die einem fremden Kom-plex angehören, so gut wie ohne Wirkung sein können.

Auch der Zusammenhang, wie er sich *gedächtnismäßig* her- "
ausbildet, ist nicht allein von den Intensitäts- und Zeitver-hältnissen abhängig, sondern wird beherrscht von der sach-lichen Zugehörigkeit zu dem gleichen Gesamtprozess.[191]

Die Zugehörigkeit zu ganz bestimmten seelischen Komplexen "
gilt nun in hohem Grade auch für alle dynamisch grund-legenden *seelischen Spannungen und Energien.*

Die einzelnen seelischen Bedürfnisse oder die Spannungen, "
die aus bestimmten Geschehensabläufen und Erlebnissen

---

191 [Fußnote v. Lewin:] Poppelreuter, *Über die Ordnung des Vorstellungs-ablaufs,* in: Archiv für die gesamte Psychologie, [Nr.] 25, S. 208-209, 1912. [Walther Poppelreuter (1886-1939), Psychologe.]

resultieren, stehen zweifellos häufig in einem gewissen Zusammenhang miteinander. So kann es kommen, dass z. B. affektive Energien aus einem System in ein anderes übergehen (z. B. etwa aus Ereignissen im >Berufsleben< auf Vorgänge im >Familienleben<) und dort zum Ausbruch kommen, dass ferner die Sättigung eines Bedürfnisses die Mitsättigung funktionell benachbarter Bedürfnisse schafft. Diese *Kommunikation* ist jedoch zwischen den verschiedenen gespannten seelischen Systemen *sehr verschieden eng*. Auch die allgemeine Tendenz zur Kommunikation scheint bei gewissen seelischen Zuständen und bei verschiedenen Individuen verschieden stark zu sein. Das darf jedoch nicht vergessen lassen, dass nicht etwa jedes dynamische seelische System mit jedem anderen eine deutliche Kommunikation zeigt, sondern dass die Kommunikation in sehr vielen Fällen außerordentlich schwach, ja gleich null ist.

66 Gäbe es nicht diese bisweilen erstaunlich weitgehende Abschließung verschiedener psychischer Komplexe gegeneinander, sondern wäre eine dauernde reale Einheit der Seele vorhanden, derart, dass man alle momentan vorhandenen seelischen Spannungen als Spannungen in einem gleichmäßig einheitlichen, geschlossenen System zu betrachten hätte, so wäre u. a. keine *geordnete Handlung* möglich. Erst der faktisch extreme Abschluss gegen die Mehrzahl aller gleichzeitig vorhandenen, häufig sehr viel stärkeren seelischen Spannungen und die praktisch ausschließliche Kopplung der *motorischen* Sphäre mit *einem* ganz speziellen Bereich innerer Spannungen macht eine geordnete Handlung möglich. Dieser Abschluss wird nicht etwa immer erst zum Zwecke einer bestimmten Aktion durch zeitweilige Ausschaltung aller anderen in der Seele vorhandener Spannungen vorgenommen, sondern die seelischen Spannungen entstehen von vornherein in bestimmten seelischen Gebilden oder Gebieten, die sich auf Grund gewisser hier nicht näher zu erörternder dynamischer Vorgänge bereits gebildet haben oder sich momentan bilden.«[192]

6

In dieser zitierten Schlüsselpassage bezieht Lewin sich auf Wolfgang **Köhler**. Meiner Vermutung nach meint er damit die folgende Argumentation:

»Eine Ansicht von der physischen Welt wäre: Die Natur besteht aus Und-Verbindungen selbständiger Teile, deren rein additive Gesamtheit das Wirkliche ausmacht. Eine zweite und entgegengesetzte Anschauung wäre: In der Natur gibt es keine selbständigen Teile, sondern alle Zustände und Verläufe sind nur im totalen Weltzusammenhange wirklich, alle >Teile< sind Abstraktionsprodukte. Der erste Satz ist ganz unrichtig; aber auch der zweite hindert eher ein Verstehen des Gestaltprinzips, als dass er es fördert. Er klingt nicht wie ein Ergebnis von Forschung und Erfahrung, sondern wie die etwas ungefähre, wenn schon vielleicht stark gefühlsbetonte Äußerung eines Menschen, welcher, wie es vorkommt, für Augenblicke der strengen Denkwege müde wurde und, ohne ihrer überhaupt zu achten, ja im Gegensatz zu ihnen, sich schnell mit einer Art romantisch-philosophischer Erbauung zufrieden gibt. Denn wenn das richtig wäre, was da behauptet wird, dann würde der Wert der meisten naturwissenschaftlichen Entdeckungen und Gesetze sehr gering einzuschätzen sein, insofern auf den universalen Weltzusammenhang in ihnen nicht Rücksicht genommen wird, und der gleichen Verurteilung würden die physikalischen Gestalten unterliegen. Je bestechender eine solche Vorstellung von der Welteinheit zunächst aussieht, desto mehr muss man beachten, dass sie über die Existenz von physischen Gestalten in einem fruchtbaren und wissen-

192 Kurt Lewin, *Struktur der Seele* (1926), vgl. Fn. 3, S. 29 ff. Zusammen mit dem folgenden Köhler-Zitat ergibt sich die Frontstellung zum Holismus.

schaftlich sehr realen Sinne des Wortes geradezu hinwegtäuscht. [...]

66 Dass ein lokales Geschehen in diesem Maße eine winzige Ereigniswelt für sich ausmacht, ist freilich ein singuläres Vorkommen, aber gerade als ein Extrem ist es geeignet, auch in der übrigen Natur erkennen zu lassen, weshalb die romantische These so wenig Sachliches besagt, oder vielmehr einfach irreführt. Überall ist dabei nicht etwa zu behaupten, irgend ein Geschehen oder ein Zustand sei notwendig und immer ohne Zusammenhang mit der Welt außerhalb eines ein für allemal bestimmten Gebietes gegeben, sondern nur, dass überaus zahlreiche Fälle als endlich beschränkte Zusammenhänge in bezug auf Zustand und Geschehen in einer untersuchten Hinsicht vorkommen. Wie *groß* das Gebiet ist, über welches hinaus jeweils keine Zusammenhänge mehr zu berücksichtigen sind, das hängt von den Umständen, nämlich davon ab, wie starke physische Agenzien welcher Art in der Umgebung zu finden sind. Aber der erste Anfang alles physikalischen Experimentierens besteht eben darin, jenes Gebiet genügend zu bestimmen, und wo dergleichen möglich ist, gibt der Satz vom Weltzusammenhang wieder ein trügerisch gleichmäßiges Bild von der Natur, während in Wirklichkeit viel charakteristischere, weil beschränkte Typen von Zuständen und Verläufen realisiert werden. Weiterer Einzelbeispiele bedarf es hier nicht, da nur immer wieder das Gleiche ihnen gegenüber zu bemerken wäre.

66 >Alles hängt mit allem zusammen<, das ist kein Satz, der die spezifischen und irgendwie wertvollen Eigenschaften von Beobachtetem angäbe oder zu deren Verständnis viel beitrüge. Fundamentale Erfahrung aller Experimentatoren ist es im Gegenteil, dass neben den Zusammenhängen gewisser endlicher Gebiete, welche dabei in sich sehr bestimmten Gesetzen folgen, der übrige Weltzusammenhang (mit dem Zustande innerhalb der Gebiete) wie eins neben 10^{10} anzu-

sehen ist. Wir würden keine Naturwissenschaft haben, falls jene ungefähre These eine reale Bedeutung hätte; und wenn der Satz nicht dazu bestimmt sein sollte, so ernstlich auf konkrete Fälle angewendet zu werden, dann kommt er auch als Ausdruck einer allgemeinen Naturanschauung nicht in Betracht; denn wir werden doch nicht neben unserem sonst konsequenten Naturerkennen eine schön und philosophisch klingende Phrase gelten lassen, welche mit jenem strengen Verfahren unverträglich ist.[193]

Dass die naturwissenschaftliche Forschung sich durch die-   **"**
sen Satz hätte ernstlich stören lassen, ist wohl noch nicht oft vorgekommen. Dagegen wirkt er für eine naturphilosophische Betrachtung, in welcher nicht konkrete physikalische Fälle eine Hemmung bilden, um so schädlicher, als er wie die äußerste Anerkennung des Gestaltprinzips klingt, während er es in Wirklichkeit verdirbt.

Die Gefahr liegt gerade darin, dass man mit einer so allge-   **"**
meinen und dabei unbestimmten These ja doch nicht Ernst machen kann, und dass deshalb auch niemand daran denkt, aus ihr wirklich Konsequenzen im positiven Sinne zu ziehen. Denn die >ganze Welt< auf einmal, welche von rechtswegen in jede Untersuchung einzubeziehen wäre (wenn sie für das betreffende Geschehen wirklich von Belang wäre), lässt sich ja doch nicht übersehen und kontrollieren, also ist die erste Folge, dass man in der Naturphilosophie von dem nebelhaften Satz entweder zu einem romantischen Skeptizis-

---

193 [Fußnote v. Köhler:] Es mag allenfalls sein, dass man dem Satz einen anderen, bisher noch nirgends angegebenen und besseren Sinn verleihen kann. – Bei [Ernst] Mach ([*Die*] *Mechanik* [*in ihrer Entwicklung: Historisch-kritisch dargestellt*, Leipzig 1883]) kommt die[se] These dadurch zustande, dass die Begriffe >physische Abhängigkeit, physischer Zusammenhang< auf der einen und >Beziehung schlechthin< (z.B. in einem Koordinatensystem) einander gleichgesetzt werden. Das wird sehr deutlich S. 222ff (der französischen Ausgabe [*La mécanique: Exposé historique et critique de son développement*, Paris 1904]). Übrigens ist dies einer der Punkte, wo Gestalttheorie und Relativitätstheorie alsbald in Berührung kommen dürften.

mus übergeht oder aber sich sagt: Wenn wir doch ein Bild von der Natur gewinnen wollen, dann muss wohl oder übel der universale Weltzusammenhang dabei wie nicht vorhanden angesehen werden, und wir müssen die nur abstrahierten Teile oder Stücke der Natur wieder wie wahrhaft selbständig behandeln. Also kehren wir praktisch zu der Annahme zurück, die Welt bestehe aus selbständigen Teilen und ihren jeweiligen Und-Verbindungen. Dass diese Gefahr nicht erdacht ist, kann man an dem analogen Fall der Psychologie sehen. Der größte Feind einer fruchtbaren, weil zu konkreten Folgerungen verpflichtenden Gestalttheorie dürfte hier die These gewesen sein, unmittelbar gegeben sei eigentlich nur das Gesamtbewusstsein schlechthin. Mit dieser Art Realität kann man nicht wirklich umgehen; also bleibt es einerseits bei der (recht platonischen) Zustimmung zu dem modernen Satz, andrerseits fühlt man sich berechtigt, jede Abstraktion als gleichbegründet (genauer: gleich unbegründet) anzusehen, und das Bewusstsein wieder [...] stückmäßig zu behandeln.«[194]

7

Übersetzung **1979**: »Welche Beziehung besteht zwischen der laufenden Selbstregulierung des neurotischen Patienten und der wissenschaftlichen Theorie des Therapeuten von einer gesunden organischen Selbstregulation? Im Hinblick auf diese Frage tun wir gut daran, den folgenden Worten

194 Wolfgang Köhler, *Die physischen Gestalten in Ruhe und im stationären Zustand*, Braunschweig 1920, S. 153f und 156f. Wenn Köhler Begriffe wie »Verschiebung, Verdichtung, Umkehrung usw.« anführt, erinnert das an Freuds Gesetze »der seelischen ›Energetik‹«. »Köhlers dynamische Auffassung des Gestaltbegriffs« läuft »auf eine ›tiefenpsychologische‹ Begründung von Gestalten hinaus [...]. Ausgerechnet in einer scheinbar nur an naturwissenschaftlichen Prinzipien orientierten Psychophysik entwickelt Köhler Ansätze zu einer Konstruktionsanalyse seelischer Gestaltungsprozesse.« Michael Ley, *Der Stellenwert des Isomorphie-Gedankens im System der Gestalttheorie*, in: Psychologie und Geschichte, 7.Jg., Nr. 3, 1996, S. 207.

von Kurt Lewin besondere Aufmerksamkeit zu widmen: >Es 66
ist besonders wichtig, dass jemand, der angibt, Ganzheits-
phänomene zu studieren, sich vor der Tendenz hütet, die
Ganzheiten so allumfassend wie möglich zu sehen. Die
eigentliche Aufgabe besteht darin, die strukturellen Eigenschaften einer gegebenen Ganzheit zu untersuchen, die Beziehungen zu subsidiären Ganzheiten festzustellen und die
Grenzen des Systems, mit dem er es zu tun hat, zu bestimmen.
Es ist in der Psychologie nicht wahrer als in der Physik, dass
»alles von allem abhängt«.<«[195] 99

8

Übersetzung 2006: »Welche Beziehung besteht zwischen
der anhaltenden neurotischen Selbstregulation des Patienten
und der wissenschaftlichen Vorstellung des Therapeuten von
einer gesunden organismischen Selbstregulation? Bei dieser
Frage tun wir gut daran, den folgenden Worten von Kurt
Lewin Beachtung zu schenken: >Es ist besonders wichtig, 66
dass derjenige, der angibt, ganzheitliche Phänomene zu
studieren, sich vor der Neigung hütet, die Ganzheiten so umfassend wie möglich zu machen. Die eigentliche Aufgabe besteht darin, die strukturellen Eigenschaften einer gegebenen
Ganzheit zu untersuchen, sich der Beziehungen der untergeordneten Ganzheiten zu vergewissern und die Grenzen
des Systems, mit dem man es zu tun hat, zu bestimmen. In der
Psychologie ist dies nicht weniger wahr als in der Physik, dass
»alles von allem anderen abhängt«.<«[196] 99
... nicht wahrer als ...
... nicht weniger wahr als ...
Nur eins von beidem kann zutreffen.

195 Frederick Perls, Ralph Hefferline und Paul Goodman, *Gestalttherapie:*
Lebensfreude und Persönlichkeitsentfaltung, Stuttgart 1979, S. 59 (oder dies.,
Gestalttherapie: Grundlagen, München 1991, S. 62).
196 Frederick Perls, Ralph Hefferline und Paul Goodman, *Gestalttherapie:*
Lebensfreude und Persönlichkeitsentfaltung, Stuttgart 2006, S. 85.

Mit »es ist in der Psychologie nicht wahrer als in der Physik,
dass >alles von allem abhängt<« war die Stelle **1979** nicht
schön, aber richtig übersetzt worden, weil Lewin meinte, es
sei *weder* in der Physik *noch* in der Psychologie richtig, dass
alles mit allem zusammenhinge; **2006** deutete man sie aber
holistisch: »In der Psychologie ist dies nicht weniger wahr
als in der Physik, dass >alles von allem anderen abhängt<.«
Dies ist meines Erachtens besonders bedauerlich, weil hier-
durch das gesamte Zitat zu einem einzigen Widerspruch in
sich selber wird, denn es beginnt mit der Mahnung, »sich
vor der Neigung [zu] hüten [!], die Ganzheiten so umfassend
wie möglich zu machen«.

Meine Rückübersetzung von 2012: »In welchem Verhältnis
stehen die andauernde Selbstregulation des neurotischen
Patienten und die wissenschaftliche Konzeption des Therapeuten zueinander? Bezogen auf diese Frage tun wir gut daran, den folgenden Worten von Kurt Lewin große Beachtung
zu schenken: >Insbesondere ist es notwendig, dass sich jeder,
der beabsichtigt, Phänomene der Ganzheit zu studieren,
davor hütet, die Ganzheiten so allumfassend wie möglich
zu machen. Die wirkliche Aufgabe ist es, die strukturellen
Eigenschaften einer gegebenen Ganzheit zu erforschen, sich
der Beziehungen zu untergeordneten Ganzheiten zu vergewissern und die Grenzen des Systems zu bestimmen, mit
dem man es zu tun hat. Denn in der Psychologie ist es so wenig
wahr wie in der Physik, dass »alles mit allem zusammenhängt«.<«[197]

197 Stefan Blankertz, *Gestalttherapie Essentials: Das Wichtigste aus dem Grundlagenwerk von Perls, Hefferline, Goodman*, Kassel 2019, S. 41/43. Für eine Rückübersetzung hatte ich mich entschieden, weil diesem Zitat eine englische Paraphrase – durch Willis D. Ellis – und nicht etwa eine Über-setzung zugrunde liegt.

Das Zitat von Lewin kann in seiner Bedeutung für »*Gestalt Therapy*« kaum überbewertet werden. Man sollte Gestalttheorie weder mit »Holismus« noch mit »Universalismus« verwechseln. Die Perspektive bleibt ganz radikal auf das Individuum fokussiert: Der Organismus ist mit seiner Wahrnehmung – und mit seiner Bewegung – das Organisationsprinzip der »Ganzheit«.

Der Satz »alles hängt mit allem zusammen« ist keine Wirklichkeitserfassung, sondern ein neurotisches Ausweichen vor der Wirklichkeit (nach Freud wäre er als eine interessante Methode zu einer »Leidensverhütung« zu charakterisieren). Er mündet entweder in einer Ohnmachtsfantasie – weil das Ganze zu umfassend ist, kann es nicht beeinflusst werden – oder in einem Allmachtswahn wie z. B.: weil alles mit allem zusammenhängt, brauche ich nur gute Gedanken von hier aus in den Nahen Osten zu senden und schon wird daraus Frieden dort erwachsen. Beides läuft auf der Ebene der Handlung auf ziemlich dasselbe hinaus.

Die Ganzheit, wie Lewin (und andere Gestaltpsychologen) sie fassen, ist hingegen ein vor einem Hintergrund sich abhebendes, zeitlich & räumlich eingegrenztes Sinnstück. Das bezieht Goodman an dieser Stelle auf die therapeutische Situation als Mahnung, dass es nicht darum zu tun sei, das »ganze« Leben des Klienten umzukrempeln, sondern so vorsichtig – »minimalinvasiv« sozusagen – wie möglich zu intervenieren.

Mit diesem Gedanken führt Goodman Gestaltpsychologie und Pragmatismus (William James[198] und John Dewey) zu-

198 Vermutlich darauf, dass Goodman William James (1842-1910) so sehr schätzte (er studierte Anfang der 1930er Jahre bei dem James-Schüler Morris Raphael Cohen [1880-1947] in New York), geht zurück, dass in »*Gestalt Therapy*« eine »Theory of the Self« entwickelt wird. Fritz Perls verwandte in seinem ersten englischsprachigen Buch den Begriff »ego« (*Ego, Hunger, and Aggression*, 1944). James benutzt »self« als Oberbegriff

sammen. Dem Pragmatismus nach besteht der Sinn des Bewusstseins darin, zur Veränderung drängende Situationen, Probleme, in den aktuellen Bezügen so lange zu analysieren, bis eine Ursache gefunden wird, die einen hinreichenden Ansatzpunkt zum Eingreifen (zum Lösen) bietet. Das heißt, dass die Analyse so weit und tief wie nötig, aber auch so begrenzt wie möglich gehalten wird. Denn je komplexer die Ursache, um so schwieriger gestaltet sich der Eingriff. Was psychotherapeutisch gilt, gilt auch politisch. Und an dieser Stelle schlägt Goodmans Ansatz in Gesellschaftskritik um: Dass unter den gegebenen gesellschaftlichen Bedingungen alles mit allem zusammenhängt, ist keine Naturnotwendigkeit und auch kein unausweichliches historisches Schicksal, sondern Ergebnis dessen, wie wir die Gesellschaft eingerichtet haben. Wir könnten zu einer Situation zurückkehren, in welcher Probleme eher vor Ort als in entfernten Schaltzentralen gelöst werden. Wir könnten mehr »organismische Selbstregulation [...] möglich machen, erlauben und riskieren«,[199] wenn wir die Komplexität entflechten und nicht mehr totalitäre Ganzheiten dulden würden. Aber das ist nur dann möglich, wenn die Menschen sich weniger von neurotischer Angst umgetrieben sehen und wenn sie selbstbewusster, individualistischer und spontaner werden. Dies ist eine therapeutische und keine politische Aufgabe, denn die neurotische Hemmung der Selbstregulation ist ihrerseits eine selbstregulierte sinnvolle Antwort der Menschen auf den Zustand der Gesellschaft.

Gestalttherapie *ist* Praxis der Befreiung. Der Ansatz Lewins liefert mit der Einsicht in Gegenwärtigkeit und Gerichtet-

---

für »me« (das durch Erfahrung konstituiert werde & sich in das materiale, soziale sowie spirituelle »self« untergliedere) und »I« oder »pure ego«: das Bewusstseinskontinuum.
199 PHG, *Gestalt Therapy* (1951, S. 275; 1994, S. 53), *Gestalttherapie* (1979, Band *»Lebensfreude und Persönlichkeitsentwicklung«*, S. 57; 1991, Band *»Grundlagen«*, S. 60; 2006, S. 83).

heit psychischer Dynamik im *überschaubaren* Feld die Voraussetzung für die Möglichkeit verantwortlichen Handelns. »Wir können in jeder Situation nur in Übereinstimmung mit dem von uns wahrgenommenen Feld handeln.«[200]

»Demokratie« ist für Lewin implizit, für Goodman explizit kein System staatlicher Herrschaft, sondern ein soziales Verhalten in freiwilligen Gruppen,[201] das Führungs- und Sachkompetenz ebenso anerkennt wie der Initiative eines jeden Einzelnen die realistische Perspektive gibt. Unüberschaubarkeit und kontaktlose Entscheidungen, die aufgrund von bürokratisch=autokratischen Strukturen ohne die adäquate Fundierung in eigener Wahrnehmung gefällt werden, sind das Grundübel der staatlichen Herrschaft unserer Tage; sie sind *keine* objektiven Bedingungen oder sogar Notwendigkeiten des modernen Lebens.[202]

»Wird die freie Spieltätigkeit eines Kindes gestört, dann kann [...] sein durchschnittliches Produktionsniveau von der Altersstufe von 5 ½ Jahren auf die viel niedrigere Produktionsstufe des 3 ½ Jahre alten Kindes zurückgehen.«[203]

200 Kurt Lewin, *Das Verhalten, die Kenntnis und die Übernahme neuer Werte* (1945), in: ders., *Die Lösung sozialer Konflikte*, Bad Nauheim 1953, S. 99 (im englischen Original S. 61).

201 »Ein Mensch, der zwangsweise aus seinem angestammten in ein fremdes Land mit einer abweichenden Kultur gebracht wird, begegnet aller Wahrscheinlichkeit dem neuen Wertesystem mit einer feindlichen Gesinnung. Das gilt auch für einen Menschen, der gegen seinen Willen zum Gegenstand der Umerziehung gemacht wird. Da er sich bedroht fühlt, reagiert er mit feindlicher Haltung. [...] Carl Rogers' Betonung der vom Patienten zu vollziehenden Selbstentscheidung unterstreicht den gleichen Gesichtspunkt für die Psychotherapie des Einzelnen. [...] Der Betreffende willigt in das neue System der Werte und Ansichten ein, indem er in die Zugehörigkeit zu einer Gruppe einwilligt.« Kurt Lewin, in: ebd., S. 104ff (engl. S. 64ff). – Zur Kritik an der Demokratie als einer Form staatlicher Herrschaft vgl. Stefan Blankertz, *Anarchokapitalismus: Gegen Gewalt*, Berlin 2015, S. 29ff.

202 Vgl. Paul Goodman, *Psychologie der Machtlosigkeit* (1966), in: ders., *Einmischung: Ein Reader*, Bergisch Gladbach 2011.

203 Kurt Lewin, *Zeitperspektive und Moral* (1942), in: ebd. (Fn. 200), S. 162 (im englischen Original S. 111).

ANHANG

Grundbegriffe Feldtheorie

Keine Macht der Gewohnheit

Drei Praxisbeispiele
zur Topologie

Ausgangsformel: Verhalten ist die Funktion von Person und Umwelt: $V = f(P, U)$. Zwei Voraussetzungen:

1. Es gibt Verhalten. (Die Person reagiert nicht nur auf die Umwelt, d. h. sie handelt und entscheidet.)
2. Es gibt Umwelt. (Umwelt ist kein reines Konstrukt. [Entgegen Konstruktivismus.])

Lewins zwei Hauptsätze der psychischen Dynamik (hierin implizit Kritik am Gewohnheitsbegriff):

1. Hauptsatz: Gegenwärtigkeit des Verhaltens.
2. Hauptsatz: Gerichtetheit des Verhaltens.

Die Umwelt wird als ein Feld beschrieben, das die folgenden Qualitäten hat:

1. **Begrenzung.** Das Feld ist begrenzt. Die Grenze des Feldes wird durch das bestimmt, was die Person wahrnehmen kann. (Die Feldgrenze ist nicht die gestalttherapeutische Kontaktgrenze.)
2. **Flexibilität.** Die Außengrenze des Feldes ist flexibel, sie verschiebt sich je nach dem, was eine Person in der Lage ist, wahrzunehmen. »Lernen« ist ein Vorgang der Ausweitung des Wahrnehmbaren.
3. **Räume + Gedanken.** Das Feld setzt sich zusammen aus seiner von der Person wahrgenommenen physischen Beschaffenheit (dann handelt es sich um einen tatsächlichen Raum) sowie aus den Gedanken, Erfahrungen, Fertigkeiten und Erinnerungen der Person (dann ist *Feld* eine Metapher). In diesen Räumen spielt sich das Verhalten ab.

4. **Valenz.** Räume (oder Gebiete) sind positiv bzw. negativ besetzt. Positiv gewertete Gebiete strebt die Person an, negative meidet sie (Gerichtetheit des Verhaltens).

5. **Reichweite.** Verhalten hat eine Reichweite, d. h., es wirkt auf das Feld. Bisweilen geht die Reichweite = Wirksamkeit des Verhaltens über das hinaus, was die Person wahrnimmt. Diese Wirkung ist aber nicht Teil des Feldes der Person. Bloß eine andere Person beobachtet sie oder spürt sie am eigenen Leib. Solch eine Reichweite des Verhaltens kann aufgrund der flexiblen Struktur des Feldes zum Teil des Feldes der handelnden Person werden, falls die Wirkung in ihren Erfahrungsbereich kommt, etwa indem eine andere Person sie auf sie aufmerksam macht; dies ist z. B. ein wesentlicher Aspekt in der »Erziehung«.

6. **Entfernung.** Wahrnehmung der Umwelt sowie Reichweite des Verhaltens nehmen mit der Entfernung ab. Entfernung ist räumlich, zeitlich und gedanklich. Gedanken vermögen räumliche und zeitliche Entfernungen zu überwinden, z. B. durch Erinnerung; man kann aber auch »in Gedanken ganz weit weg« sein und das ignorieren, was andere als naheliegend oder aktuell betrachten.

7. **Barrieren.** Das Verhalten (d. h. positiv bewertete Räume anstreben, negative meiden) kann auf Barrieren stoßen; physisch z. B. Mauern, psychisch z. B. Strafen, aber auch Belohnungsversprechen für das Meiden bestimmter, von dem Anderen negativ konnotierter Räume.

8. **Umgehungstendenz.** Gegenüber Barrieren und negativ besetzten Räumen ist das unvermeidliche Verhalten der Versuch der Umgehung wie: negativ konnotierte Räume nicht zu betreten; das selbst Gewünschte zu tun, ohne die Sanktion erleiden zu müssen; die Belohnung zu kriegen, ohne das fremd Gewünschte leisten zu müssen. – Nicht-Instruierbarkeit des Verhaltens. Nicht-Vorhersagbarkeit. Nicht-Konditionierbarkeit.

KEINE MACHT
DER GEWOHNHEIT

Die größte Herausforderung der lewin'schen Psychologie, jedoch auch die, die am fruchtbarsten für die Praxis ist, ist seine Kritik am Begriff der »Gewohnheit«. Gewohnheit in Frage zu stellen, scheint aberwitzig, ist doch deren Macht sowohl in der Alltagstheorie wie in der Psychologie und in therapeutischer oder beraterischer Hinsicht ein nahezu universell einsetzbares Instrument der Analyse zur Erklärung des Nichtgelingens von Veränderungswünschen.

Und doch ist die Kritik der Gewohnheit der Ursprung von Lewins eigener Theoriebildung und die Geburtsstunde der lewin'schen *topologischen* und *hodologischen* Feldtheorie.[1]

Als Lewin begann, sich mit Psychologie zu beschäftigen und seine Doktorarbeit zu planen – das war mitten während des ersten Weltkriegs –, herrschte der sogenannte Assoziationismus in der sich gerade erst formierenden psychologischen Wissenschaft vor. Der Assoziationismus ging davon aus, alle innerpsychischen Vorgänge ließen sich durch die Begriffe der Häufigkeit des parallelen oder sukzessiven Vorkommens erfassen und erklären: Kausalität sei etwas, das zumindest psychologisch betrachtet »häufig« zusammen oder nacheinander stattfinde. Zwischen diesen häufig zusammen oder

1 Als *Topologie* bezeichnet Lewin die bildlich-räumliche Darstellung der in einem Feld wirkenden psychischen und sächlichen Kräfte und als *Hodologie* (ein von ihm geprägtes Kunstwort) die Darstellung der Wirkrichtungen der Kräfte durch Pfeile (Vektoren; alternativ auch *Vektorpsychologie*) bzw. deren Behinderung durch Barrieren und die aus diesen folgende Tendenz der Umgehung. Da Pfeile, Barrieren und Umgehungen in die topologische Darstellung eingezeichnet werden können, hat eine solche Unterscheidung in der Praxis keine weitere Bedeutung.

nacheinander stattfindenden Ereignissen generiere man nun eine Assoziation und leite aus ihr die Erwartung ab, auch in Zukunft werde das eine dem anderen folgen. Derart fiele Kausalität mit Gewohnheit zusammen.[2] Die Assoziationismus-Form, für die Lewin sich begeisterte, vertrat Narziß Ach (1871-1946), der sich bereits ein ganzes Stück aus dem klassischen Assoziationismus heraus bewegt hatte und der Gestaltpsychologie zugerechnet wird. Ach beobachtete, dass Menschen durchaus in der Lage seien, gegen ihre Gewohnheit zu verstoßen und beispielsweise die gewohnte Handlungsfolge von (a) zu (b) zu unterlassen und die Handlung (b) nicht auf (a) folgen zu lassen. Die Kraftanstrengung, um von dem Gewohnten abzulassen, nannte er »Willen«. Es musste also möglich sein, durch Experimente den »Willen« zu testen, nämlich die Aufwendung von psychischer Energie zu messen, die nötig ist, um die unwillkürliche Tendenz zu unterdrücken, das Gewohnte zu tun (etwa zum Essen Wein zu trinken oder sich nach dem Essen eine Zigarette anzuzünden, auf dem Nachhauseweg die gewohnten Straßen einzuschlagen etc.).

Lewin machte sich nun daran, ein Forschungsdesign zu entwerfen, um Achs Theorie in experimentelle Situationen umzusetzen. Er ließ die Probanden sinnlose Silbenfolgen erlernen und aufschreiben. Dann forderte er die Probanden nach unterschiedlicher Dauer der Einübung auf, die Silbenfolgen zu variieren.

Die aus dem Assoziationismus in Achs Version abzuleitenden Vorhersagen lauteten für dieses Experiment:

1. Je länger die Silbenfolgen eingeübt worden sind, um so geringer ist die Fehlerhäufigkeit.
2. Je länger die Silbenfolgen eingeübt worden sind, um so schwerer fällt es, die Abänderung durchzuführen.

2 Philosophisch geht der Assoziationismus auf David Hume (1711-1776) zurück, für den Kausalität nichts als Aberglaube war.

Vier Jahre lang forschte Lewin und dokumentierte seine Versuche; und jede Forschungsreihe enttäuschte aufs Neue seine Erwartungen. Denn Folgendes kam heraus:

1. Die Fehlerhäufigkeit nahm mit der Dauer der Einübung nicht kontinuierlich ab; nach einer gewissen Dauer nahm sie vielmehr zu. Diesen Effekt benannte Lewin als die »(psychische) Sättigung«. Bei der Zunahme der Fehler in den gewohnten und eingeübten Routinehandlungen konnte es zwar einfach sich um körperliche Ermüdung handeln, vor allem jedoch war sie auf Überdruss zurückzuführen. Lewin stellte nämlich fest, dass ein Proband, der ab einem gewissen Punkt gar nichts mehr »auf die Reihe kriegte«, nach einer Unterbrechung oder in einer neuen Situation die Silbenreihen wieder völlig korrekt reproduzierte. Etwa forderte Lewin den Probanden auf, die Zettel, auf denen die Silbenfolgen notiert worden waren, in ein Kuvert zu stecken und dies mit der Silbenfolge zu beschriften, damit sie später der entsprechenden Versuchsreihe zuzuordnen seien. Bei dieser Beschriftung kam es zu fast keinerlei Abweichungen, denn dem Probanden war klar, dass ein Fehler der Beschriftung zu einem Fehler bei der Auswertung des Versuchs führen würde. »Sättigung« lässt sich im Alltag gut beobachten. Selbst Tätigkeiten, die man gerne tut, werden nach einer Weile »langweilig«. Routinetätigkeiten enden bei nachlassender Konzentration manches Mal im Chaos (insbesondere bei Tätigkeiten wie dem Autofahren oder dem Führen von Maschinen mündet dies oft in fatale Wirkungen). Andererseits mag man, auch wenn man von einer Tätigkeit sich völlig »übermüdet« fühlt, dann wieder konzentriert tätig werden, sobald man etwas anderes tut und zum Beispiel eine interessante Tätigkeit aufnimmt. Die Entdeckung der Ermüdung war der ent-

scheidende Schlag gegen den klassischen Assoziationismus.

2. Die Veränderung des Eingeübten ist unabhängig von der Dauer, mit der die Einübung stattgefunden hatte, jederzeit völlig ohne (Kraft-, Willens-) Anstrengung möglich. Dies war der entscheidende Schlag gegen Achs Willenspsychologie. Eine spontane Kritik gegen das lewin'sche Experiment mit dem Assoziationismus lautet meiner Erfahrung nach stets: Klar, wenn es sich um *sinnlose* Silbenfolgen handelt, bildet sich auch keine Gewohnheit heraus, an der festzuhalten sich lohnt und von der zu lassen eine (Willens-) Anstrengung kostet. Und genau das ist der Punkt von Lewin (und der Gestaltpsychologie in der Form, in der er sie entwickelte und vertrat): Es ist nicht die Aufeinanderfolge von *irgendwas*, das zu dem alltagssprachlich »Gewohnheit« Genannten führt, vielmehr (zum Beispiel, unter anderem) der *Sinn* dessen, was man hintereinander macht.

Es ist entscheidend festzuhalten, dass Lewins Kritik der Gewohnheit keine Nebensächlichkeit darstellt, sondern in das Zentrum seiner Theorie führt. Seine beiden Hauptsätze der psychischen Dynamik, *Gegenwärtigkeit* und *Gerichtetheit*, sind direkte Folgerungen aus seinen ersten Experimenten (die er mit seinen Schülern und Mitarbeitern durch weitere Experimente untermauerte): Entscheidend ist nicht die Gewohnheit, also das zeitliche Hinter- und Nebeneinander bestimmter Ereignisse oder Tätigkeiten, vielmehr das, was die Ereignisse oder Tätigkeiten im gegenwärtigen Feld beeinflusst: von seiten der Person sind das die gegenwärtigen Bedürfnisse und Strebungen (der Sinn und das Ziel des Tuns: dessen Gerichtetheit); von seiten der Umwelt sind das Störungen und Widerstände (Gegenkräfte) sowie Hindernisse (die Lewin »Barrieren« nannte).

Was ist mit all den Tätigkeiten, bei denen (angeblich) eine lange Gewohnheit eine (angeblich) gewollte Veränderung verhindern, sei's das Rauchen, sei's eine bestimmte Routine am Arbeitsplatz. Wenn wir diese Fälle untersuchen, sehen wir mit der Kritik der Gewohnheit Lewins als Brille, dass der Begriff der »Gewohnheit« eine Rationalisierung ist, um über die Gründe nicht sprechen zu müssen, welche *gegen* eine Abänderung des Gewohnten sprechen: um keine Auskunft über sie geben zu müssen. Die Gründe fürs Festhalten an der angeblich unveränderlichen Gewohnheit fallen formal unter zwei Kategorien:

1. Das Gewohnte ist für den Handelnden *sinnvoll*. Die Aufforderung, es zu ändern, kommt von außen; und sie wird von dem Handelnden als *nicht* sinnvoll wahrgenommen.
2. Die Alternative zum Gewohnten bringt irgendwelche Beschwerlichkeiten oder andere Nebenwirkungen mit sich, die der Handelnde nicht bereit ist, zu (er-) tragen.

Die Gründe (Sinn-Unsinn oder Beschwerlichkeit) sind jedoch nicht diskutierbar (etwa weil es sich bei der Person, die die Veränderung initiiert, um eine Autorität oder um jemanden handelt, der institutionell mit Macht ausgestattet ist). Es kann sich jedoch auch um einen eher innerpsychischen Vorgang handeln. Jemand, der mit dem Rauchen aufhören oder der Abnehmen möchte, möchte dies allerdings erreichen, ohne an Beschwerlichkeiten und Nebenwirkungen zu leiden.

Egal, ob es nun um therapeutisch begleitete Veränderungsprozesse einer Einzelperson oder um Veränderungsprozesse in Firmen sich handelt, die ein Berater oder Coach begleitet, Lewins Kritik der Ganzheit hat eine wichtige und heilsame Wirkung: denn sie setzt an die Stelle der Ausrede und der Vermeidung (Deflektion) mit Hilfe der Behauptung, das Gewohnte ließe sich nicht ändern, *Erkundung von Gründen, die gegen eine Veränderung des Gewohnten sprechen.*

Notiz zum Erlernen von Fähigkeiten

Einübung, Training, Fähigkeit: Lewin hat nicht bestritten, dass es für das Erlernen einer gewissen Fähigkeit einer Einübung und teilweise auch des fortgesetzten Trainings bedarf. Aber eine Fähigkeit zu haben, bedeutet eben noch lange nicht, sie auch anzuwenden. Wenn ich Fahrrad fahren kann, heißt das nicht, dass ich Fahrrad fahren muss. Im Übrigen sind auch bei Fähigkeiten gegenwärtige Einflüsse letztlich entscheidend. Bei einem Spitzensportler bildet das Training die Grundlage der Möglichkeit eines Sieges. Ob er siegt, hängt, wie es auch immer wieder in den Kommentaren heißt, an seiner »Tagesform«. Zudem ist das Erlernen von Fähigkeiten oft nicht an die Dauer der Einübung gekoppelt. Manchen komplexen Handgriff habe ich schnell erfasst, ich brauchte ihn nur ein Mal zu sehen; andere Tätigkeiten wie etwa das Stricken habe ich auch nach wochenlangem Üben nicht erlernt.

TOPOLOGISCHE DARSTELLUNG: FÄLLE

Die topologische Darstellung ist nicht objektiv, sondern stellt ihrerseits die jeweilige Interpretation und Sichtweise dessen dar, der die grafische Umsetzung vornimmt und die Landkarte des Lebens oder des Problems erstellt. Darum ist es wichtig, die Erarbeitung mit dem Klienten gemeinsam vorzunehmen und ihm dabei den Vortritt zu überlassen. Der Therapeut, Berater oder Coach kann Vorschläge machen, das Ergebnis aber sollte die Sicht des Klienten aufzeigen. Kurt Lewin selber bevorzugte die Beschreibung des Feldes mit einer Reihe von Ovalen, sodass die Schüler das Ergebnis bald als »Blumenkohl« verulkten. Zur computergrafischen Umsetzung, jedoch auch gemäß meiner eigenen Zwanghaftigkeit wähle ich Rechtecke. Bei der Arbeit mit Klienten können Ovale, Rechtecke, eine Mischung aus beidem, perspektivische Zeichnungen (etwa »Gärten«) eingesetzt oder Landschaften auf dem Fußboden mit Kissen oder anderen geeigneten Repräsentationen aufgebaut werden. Es handelt sich ja nicht um die Sache (das Leben, das Problem) selber, vielmehr um eine situativ-therapeutische Sichtweise. Nach Beschreibung der Situation des einzelnen Falls folgt die topologische Darstellung. Um die Anonymität der Klienten zu wahren, sind die Notizen schematisch gehalten und lassen biografische Details aus. Die Auswahl der Fälle richtete sich danach, eine größere Bandbreite an Möglichkeiten des Einsatzes topologischer Darstellungen zu präsentieren.

Fall 1: Topologie einer Depression

Die Situation: Der Klient sucht mit dem Wunsch die Therapie auf, seine Depression überwinden und ein »freies Leben« führen zu können. Die Depression macht ihn zeitweilig arbeitsunfähig, obgleich er die Arbeit, wenn er welche findet und überdies arbeitsfähig ist, als angenehm und befriedigend erlebt. Aufgrund der Unregelmäßigkeit von Arbeit und Einkommen sei er von den Eltern finanziell abhängig. Die Eltern beschreibt er als distanzlos, kontrollwütig und unbeherrscht. Sein Zuhause beschreibt er dagegen als gemütlich; er fühlt sich wohl in seinen vier Wänden, solange kein Kontakt zu den Eltern besteht. In der Freizeit wandert er gern.

Nicht nur die finanzielle Abhängigkeit von den Eltern führt zu einem ständig drohenden Kontakt mit ihnen, sondern auch sein Wunsch, die Neffen zu sehen. Der Umgang mit den Neffen an sich ist positiv, doch der Kontakt zum Bruder gestaltet sich ambivalent. Der Klient kommt, wie er es ausdrückt, »eigentlich« prima mit seinem Bruder aus; sie verstehen sich, solange dabei die Eltern aus dem Spiel bleiben. Der Bruder erkennt zwar, dass der Klient unter den Eltern leidet, hält allerdings selber ein gutes Verhältnis zu ihnen aufrecht und sieht die Schuld an den Problemen zwischen dem Klienten und den Eltern als nicht so einseitig verteilt an wie dieser. Die Neffen lieben ebenfalls ihre Großeltern, und der Klient möchte sie nicht in seinen Konflikt mit den Eltern hineinziehen. Er wahrt ihnen gegenüber Zurückhaltung, später aber setzt ihm das dann doch zu.

Die vom Klienten nach vielen Anläufen und Verwerfungen ausgearbeitete Landkarte seines Lebens versetzte ihn in Erstaunen. Die Utopie des »freien Lebens« liegt auf derselben Seite wie das »Armageddon« der Eltern, während das diesseitige gute Leben ihm ganz aus dem Sinn gegangen ist. Er war bereit, das Gewohnte in Frage zu stellen.

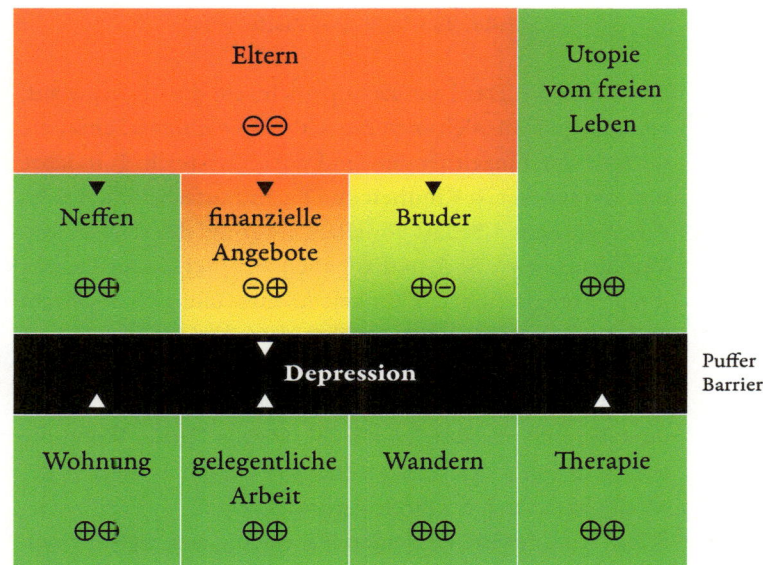

⊕⊕ positive Valenz
⊖⊖ negative Valenz
⊕⊖ bzw. ⊖⊕ Ambivalenz
▼▲ Wirkung, Richtung

Die topologische Darstellung der Situation macht schnell klar, dass die Ziele des Klienten – mehr Kontakt mit den Neffen und ein »freies Leben« (das heißt ohne Depression und in finanzieller Unabhängigkeit) – jenseits der als Puffer gegen Übergriffe der Eltern entstandenen Depression liegen, sodass der Puffer zugleich die Barriere bildet. Dass diesseits der Depression alle Felder des Klienten eindeutig positiv besetzt sind, gerät derart aus seinem Blick. Die Depression bildet aber nicht nur einerseits einen Puffer und andererseits die Barriere, sondern entfaltet ihre spezifische Feldwirkung, indem sie die Arbeitsfähigkeit des Klienten herabsetzt und ihn anfällig macht für die finanziellen Verlockungen der Eltern: Die Eltern erhalten so die Hoheit über ihn, und er beschreibt sich selber als von ihnen »abhängig«.

Der Begriff Utopie ist hier so sinnvoll wie kaum sonstwo: Während alle andren Felder einen realen Ort haben, besteht die Vorstellung vom freien Leben bloß in den Gedanken des Klienten.

Grafik 4: *Topologie einer Depression*   131

Die Situation: Das Paar sucht gemeinsam die Therapie auf, während jede für sich auch Einzeltherapie nimmt. Schon die Gründe der Einzeltherapie sind aufschlussreich. B möchte ihre »verkorkste« Kindheit und Jugend aufarbeiten, A sieht therapeutischen Bedarf vor allem aufgrund des schwierigen Verhältnisses zu B. A und B haben sich bei einem Projekt ihrer ehrenamtlichen Tätigkeit kennen und lieben gelernt und die Zusammenarbeit verläuft weiterhin gut.

Jede verfügt über eine eigene Wohnung und das gemeinsame Leben in der Freizeit findet in der Wohnung der einen oder der anderen statt, jedoch überwiegend in der Wohnung von A. B fühlt sich dort geschützter. Damit verliert A die Möglichkeit, sich bei Streit zurückzuziehen.

Streit bricht zwischen beiden regelmäßig aus, weil B einen schier unstillbaren Hunger nach der Aufmerksamkeit und der Zuwendung durch A packt, sodass A das Gefühl kriegt, keinen Freiraum zum Atemschöpfen zu haben. Oft befällt B Wut über die Gewalterfahrung in der Herkunftsfamilie, sie drückt Neid auf A aus und wird mitunter ihrerseits handgreiflich gegenüber A. B neidet A auch, dass diese, weil sie eine Deutsche ist, keine Sprachschwierigkeiten hat, und dass ihr der Beruf, dem sie (neben der gemeinsamen ehrenamtlichen Tätigkeit) nachgeht, Freude macht, während B lieber einen anderen Job hätte.

Gemeinsam arbeiten sie an der Landkarte ihrer Beziehung. Das Ergebnis ist für beide so erhellend wie erschreckend, denn es macht die Asymmetrie der Beziehung deutlicher als ihre Worte vorher. Die Last der Veränderung, um dieser Beziehung eine Zukunft zu geben, ruht mehr auf B, die sowieso schon belastet genug ist. Dennoch: Wenn sie A nicht den Freiraum gewährt, den diese braucht, kann sie von ihr keine Unterstützung erwarten.

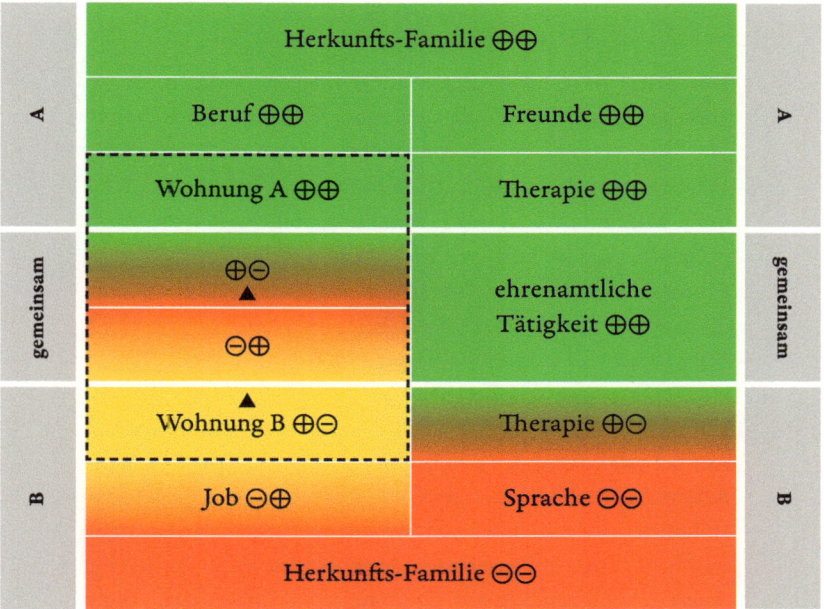

Herkunfts-Familie ⊕⊕	
Beruf ⊕⊕	Freunde ⊕⊕
Wohnung A ⊕⊕	Therapie ⊕⊕
⊕⊖ ▲	ehrenamtliche Tätigkeit ⊕⊕
⊖⊕	
▲ Wohnung B ⊕⊖	Therapie ⊕⊖
Job ⊖⊕	Sprache ⊖⊖
Herkunfts-Familie ⊖⊖	

Das erschreckende Bild, das die Topologie dieser Paarbeziehung abgibt: Es besteht nicht bloß ein großes Gefälle zwischen A und B, was die positiven und negativen Bereiche ihres Lebens betrifft, sondern darüber hinaus kommt das negative Element in dem Leben von A ausschließlich durch den Einfluss von B zustande. Da B bloß bedingt in ihrer Bleibe heimisch ist, A hingegen sich gern bei sich zu Hause aufhält, tendiert das Paar dahin, die gemeinsame (Frei-) Zeit bei A in der Wohnung zu verbringen. Doch fühlt A sich dann schnell von den überbordenden Ansprüchen B's bedrängt. Während A bei Konflikten gern (allein) in den eigenen vier Wänden Zuflucht sucht, bedrückt B in ihrem Quartier die Einsamkeit; darüber hinaus entwickelt sie die Vorstellung, die Nachbarn würden sie nicht mögen. So drängt sie sich erneut und viel zu früh – das heißt vor einer Klärung – A auf. Die Bewegungsrichtung von A besteht darin, in den Frieden ihres Zuhauses einzukehren, die von B aber, aus einem ambivalenten Feld (der einsamen eigenen Wohnung) in ein anderes ambivalentes Feld (A's Wohnung) zu gelangen. Je mehr B sich in ihrer Therapie über Ursachen ihrer Unbeherrschtheit klar wird, um so weniger ist sie bereit, A, die es »ja viel besser hatte als ich«, das Bedürfnis nach Rückzug zuzugestehen. Wenn B nicht aufhört, A für die eigenen Probleme und die Fehler ihrer Herkunftsfamilie verantwortlich zu machen, gibt es für das Paar keine Zukunft als Paar.

Grafik 5: *Topologie einer Paarbeziehung*

Fall 3: Topologie bei Migration

Das dritte Beispiel ist keine anonymisierte Fallgeschichte, vielmehr das Destillat, das aus einer Vielzahl von Arbeiten mit Migranten gewonnen und zur topologische Darstellung verallgemeinert wurde. In dieser Situation befinden sich etliche Migranten und die Darstellung zeigt, wie bestimmte politisch-gesellschaftliche Verhältnisse im Zufluchtsland zu Problemen führen, die sowohl die Migranten selber als auch die Gesellschaft des Zufluchtslandes belasten.

Selbst wenn es zahlreiche Migranten geben sollte, die, wie von rechtspopulistischer Seite gern angenommen wird, vor allem darum kommen, weil in Deutschland (oder anderen Zufluchtsländern) das scheinbar »süße Leben« winkt, ohne Arbeit oder andere Beschwerlichkeit von Sozialhilfe leben zu können, zeigt sich schnell, dass der Erhalt von Leistungen an bürokratische Prozeduren geknüpft ist, deren Erfüllung einen den ganzen Tag auf Trapp hält, was letztendlich dann doch nicht zu einem befriedigenden Leben führt.

Häufiger ist vermutlich der umgekehrte Fall, dass die Person, die als Migrant kommt, zunächst die Vorstellung hat, es dürfte nicht so schwer sein, in Deutschland Arbeit zu finden und dann die enttäuschende Erfahrung macht, dass es eine schwer zu überwindende Barriere gibt, während andererseits die Versorgung durch die Sozialämter wenigstens am Leben erhält. Die Kompetenz, die Migranten sich dergestalt aneignen, ist gelungene Integration in das Netz der Ämter und in die nötigen Verhaltensweisen, von diesen die Unterstützung zu erlangen. Da das so eingerichtete Überleben jedoch öde ist und wenige Befriedigungen bereit hält, locken radikale (religiöse) Gruppierungen, welche »Halt« oder »Sinn« geben, oder Kriminalität, welche Tätigkeit, Eigenverantwortung sowie ein selbstfinanziertes (also ein selbstorganisiertes und selbstbestimmtes) Leben bietet.

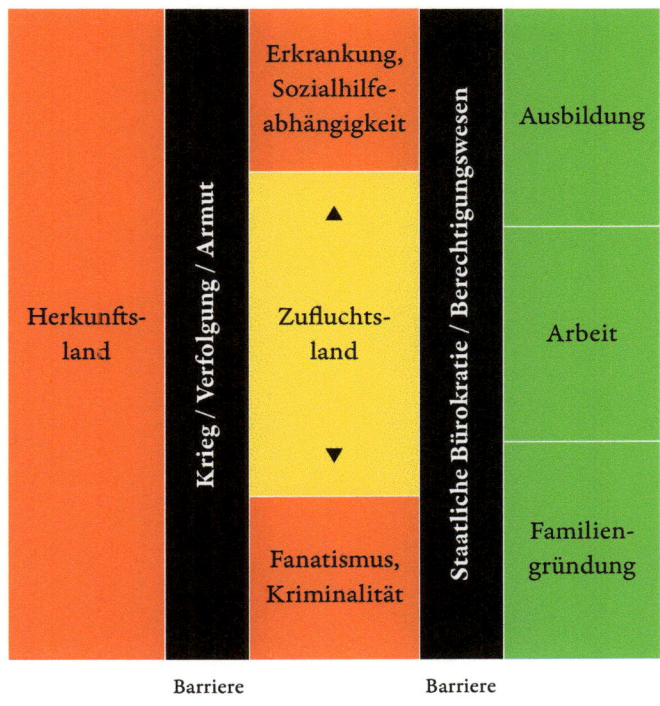

| Herkunfts-land | Krieg / Verfolgung / Armut | Erkrankung, Sozialhilfe-abhängigkeit ▲ Zufluchts-land ▼ Fanatismus, Kriminalität | Staatliche Bürokratie / Berechtigungswesen | Ausbildung Arbeit Familien-gründung |

Barriere 2   Barriere 1

Eine verbreitete Situation für viele Migranten stellt sich in der Topologie von Kurt Lewin so dar: Wenn sie im Fluchtland auf die Barriere 1 stoßen, um Ziele wie etwa Ausbildung, Arbeit (finanzielle Unabhängigkeit, Selbstbestimmung), bei jungen Leuten Familiengründung umsetzen zu können, eine Barriere, die etwa aus ungeklärtem Aufenthaltsstatus, Berechtigungswesen (= notwendige Zeugnisse oder andere Zertifikate als Voraussetzung des Zugangs zum Ausbildungs- und Arbeitsmarkt), Mindestlohn- oder Tarifbestimmungen (die Hürden für den Markteintritt darstellen) usw. besteht, dann ist die andere Option, die Rückkehr ins Herkunftsland, durch die Barriere 2 verschlossen mit den dort herrschenden Bedingungen (etwa Krieg, Verfolgung oder Armut). Angesichts dieser beiden Barrieren bestehen zwei Ausweich- und Umgehungsoptionen, die erreichbar bleiben, nämlich erstens psychische oder körperliche Erkrankung und fortgesetzte Abhängigkeit von den Sozialsystemen oder zweitens die politisch-religiöse Radikalisierung bzw. Kriminalität.

Grafik 6: *Topologie bei Migration*   135

LEWIN-SCHRIFTEN

Monografien

Der Begriff der Genese in Physik, Biologie und Entwicklungsgeschichte, Berlin 1922; Nachdruck: o. O. [Berlin] und o. J.; auch in: KLW, Band 2.

Principles of Topological Psychology (geschrieben in Deutsch, übersetzt von Fritz u. Grace M. Heider), New York 1936; Neuausgabe: London 2013; Veröffentlichung des deutschen Manuskripts sowie Rückübersetzung nicht Deutsch erhaltener Teile: *Grundzüge der topologischen Psychologie*, hg. von Raymund Falk und Friedrich Winnefeld, Bern u. Stuttgart 1969.

The Conceptual Representation and the Measurement of Psychological Forces, Durham, NY 1938; Nachdruck: Mansfield Centre, CT 2013.

Als Einzelveröffentlichungen erschienene Essays

Über Idee und Aufgabe der vergleichenden Wissenschaftslehre, Erlangen 1926; auch in: KLW, Band 1.

Vorsatz, Wille und Bedürfnis, mit Vorbemerkungen über die psychischen Kräfte und Energien und die Struktur der Seele, Berlin 1926; Paraphrase in: Willis D. Ellis, *A Source Book of Gestalt Psychology*, New York 1938 (Nachdruck: Gouldsboro, ME 1997); z. T in: *A Dynamic Theory of Personality* (1935).

Gesetz und Experiment in der Psychologie, Berlin 1927 (Nachdruck: Darmstadt 1967); auch in: KLW, Band 1.

Die Entwicklung der experimentellen Willenspsychologie u. die Psychotherapie, Leipzig 1929 (Nachdruck: Darmstadt 1970); auch in: *Schriften zur angewandten Psychologie* (2009).

Die psychologische Situation bei Lohn und Strafe, Stuttgart 1931 (Nachdruck: Darmstadt 1964); auch in: KLW, Band 6; englisch in: *A Dynamic Theory of Personality* (1935). Und in der edition g. 409.

Sammelbände

A Dynamic Theory of Personality, übersetzt von D. K. Adams u. K. E. Zener, New York 1935. Neuausgabe: London 2013. Bis auf die Kapitel III und VIII sind alle original Deutsch. Die in: KLW, Bd. 6, vorfindlichen Essays sind mit einem *Stern gekennzeichnet. **Enthält:**
— *The Conflict Between Aristotelian and Galileian Modes of Thought in Contemporary Psychology* (dt. *Der Übergang von der aristotelischen zur galileischen Denkweise in Biologie und Psychologie*, 1931; in: KLW, Band 1).
— *On the Structure of Mind* (dt. *Über die psychischen Kräfte und Energien und die Struktur der Seele*, 1926; nur die Abschnitte 4 bis 7).
— *Environmental Forces in Child Behavior and Development* (dt. *Umweltkräfte in Verhalten und Entwicklung des Kindes*, 1931).

— *The Psychological Situations of Reward and Punishment (dt. *Die psychologische Situation bei Lohn und Strafe*, Stuttgart 1931; Darmstadt 1964).
— *Education for Reality (dt. *Sachlichkeit und Zwang in der Erziehung zur Realität*, 1931).
— *Substitute Activity and Substitute Value* (1932; dt. *Ersatzhandlung und Ersatzbefriedigung*, in: *Schriften zur angewandten Psychologie*, 2009).
— *A Dynamic Theory of the Feeble-Minded* (dt. *Eine dynamische Theorie des Schwachsinnigen*, 1933).
— *Survey of the Experimental Investigations* (Originalbeitrag).
Resolving Social Conflicts, posthum hg. von Gertrud Weiss Lewin, New York 1948. Vorwort von Gordon W. Allport. Deutsch mit einem zusätzlichen Vorwort von Max Horkheimer: *Die Lösung sozialer Konflikte*, übersetzt von H. A. Frenzel, Bad Nauheim 1953. Alle Essays original in Englisch; die auch in den *Schriften zur angewandten Psychologie* (2009) vertreten sind, habe ich mit einem *Stern gekennzeichnet. **Enthält:**
— *Some Social-Psychological Differences Between the United States and Germany* (1936), *Sozialpsychologische Unterschiede zwischen den Vereinigten Staaten und Deutschland.*
— *Cultural Reconstruction* (1943), *Kultureller Wiederaufbau.*
— *The Special Case of Germany* (1943), *Der Sonderfall Deutschland.*
— *Conduct, Knowledge, and Acceptance of New Values* (mit Paul Grabbe, 1945), *Das Verhalten, die Kenntnis und die Übernahme neuer Werte.*
— *Experiments in Social Space* (1939), *Experimente über den sozialen Raum.*
— *The Background of Conflict in Marriage* (1940), *Der Hintergrund von Ehekonflikten.*
— *Time Perspective and Morale* (1942), *Zeitperspektive und Moral.*
— *The Solution of a Chronic Conflict in Industry* (1944), *Die Lösung eines chronischen Konflikts in der Industrie.*
— *Psycho-Sociological Problems of a Minority Group* (1935), *Psychosoziologische Probleme einer Minderheitengruppe.*
— *When Facing Danger* (1939), *Angesichts von Gefahr.*
— *Bringing Up the Jewish Child* (1940), *Die Erziehung des jüdischen Kindes.*
— *Self-Hatred among Jews* (1941), *Selbsthass unter Juden.*
— *Action Research and Minority Problems* (1946), *Tat-Forschung u. Minderheitenprobleme.*
Field Theory in Social Science, hg. von Dorwin Cartwright, New York 1951. Alle Essays original Englisch. Die deutschen Fassungen in *Feldtheorie in den Sozialwissenschaften* wurden übersetzt von A. Lang und W. Lohr, Bern 1963 (Nachdruck mit einem neuen Vorwort von Dieter Frey: Bern 2012). Die deutsch auch in: KLW, Band 4, wiederabgedruckten Essays sind mit einem *Stern gekennzeichnet. **Enthält:**
—*Formalization and Progress in Psychology* (1940), *Formalisierung und Fortschritt in der Psychologie.*
— *Constructs in Psychology and Psychological Ecology* (1944), *Konstrukta in der Feldtheorie.*
— *Defining the »Field at a Given Time«* (1943), *Definition des »Feldes zu einer bestimmten Zeit«.*

— *Field Theory of Learning* (1942), Feldtheorie und Lernen.
— Regression, Retrogression, and Development (1941; dt. *Regression, Retrogression und Entwicklung* in: KLW, Band 6).
— *Field Theory and Experiment in Social Psychology* (1939), Feldtheorie und Experiment in der Sozialpsychologie.
— *Problems of Research in Social Psychology* (1943-44), Forschungsprobleme der Sozialpsychologie.
— *Psychological Ecology* (1942-1944), Psychologische Ökologie.
— *Frontiers in Group Dynamics* (1947), Soziales Gleichgewicht und sozialer Wandel im Gruppenleben.
— Behavior and Development as a Function of the Total Situation (1946; dt. *Verhalten und Entwicklung als eine Funktion der Gesamtsituation* in: KLW, Band 6).
— *Analysis of the Concepts Whole, Differentiation, and Unity* (1941), Analyse der Begriffe Ganzheit, Differenziertheit und Einheitlichkeit.

Schriften zur angewandten Psychologie: Aufsätze, Vorträge, Rezensionen, hg. von Helmut E. Lück, Wien 2009. Im Band findet sich ein umfassendes Verzeichnis von den Schriften Lewins. Die Essays, die auch in *Resolving Social Conflicts* (1948) respektive *Die Lösung sozialer Konflikte* (1953) vertreten sind, habe ich mit einem *Stern gekennzeichnet. **Enthält:**
— Kriegslandschaft (1917; auch in: KLW, Band 4).
— Die Rationalisierung des landwirtschaftlichen Betriebes mit den Mitteln der angewandten Psychologie (1919).
— Eine experimentelle Methode zur Erzeugung von Affekten (1922).
— Die Erinnerung an beendete und unbeendete Handlungen (1927).
— Die Bedeutung der >Psychischen Sättigung< für einige Probleme der Psychotechnik (1928).
— Kindlicher Ausdruck (1928).
— Gestalttheorie und Kinderpsychologie (1929; auch in: KLW Band 6).
— Die Entwicklung der experimentellen Willenspsychologie und die Psychotherapie (1929).
— Die Auswirkung von Umweltkräften (1930).
— Ersatzhandlung und Ersatzbefriedigung (dt. Kurzfassung von: *Substitute Activity and Substitute Value*, geschrieben 1932, Erstveröffentlichung in: *A Dynamic Theory of Personality*, 1935).
— Experimente zur Frustration und Regression von Kindern (das Original ist in Englisch mit Roger Barker und Tamara Dembo verfasst: *Experiments on Frustration and Regression in Children*, 1937).
— Psychoanalyse und Topologische Psychologie (original in Englisch: *Psychoanalysis and Topological Psychology*, 1937).
— Eine experimentelle Methode zur Untersuchung von Autokratie und Demokratie (das Original ist in Englisch mit Ronald Lippitt verfasst: *An Experimental Approach to the Study of Autocracy and Democracy*, 1938).
— Experimente über autokratische u. demokratische Atmosphären (original in Englisch: *Experiments on Autocratic and Democratic Atmospheres*, 1938).
— *Angesichts von Gefahr (das Original ist in englisch verfasst: *When Facing Danger*, 1939).

— *Selbsthass unter Juden* (das Original ist in Englisch verfasst: *Self-Hatred among Jews*, 1941).
— *Persönliche Anpassung und Gruppenzugehörigkeit* (original Englisch: *Personal Adjustment and Group Belongingness*, 1941).
— *Kultureller Wiederaufbau* (original Englisch: *Cultural Reconstruction*, 1943).
— *Der Sonderfall Deutschland* (original Englisch: *The Special Case of Germany*, 1943).
— *Die Dynamik der Gruppenhandlung* (original Englisch: *The Dynamics of Group Action*, 1944).
— *Das Forschungszentrum für Gruppendynamik am Massachusetts Institute for Technology* (original Englisch: *The Research Center for Group Dynamics at Massachusetts Institute for Technology*, 1945).
— *Handeln, Wissen und die Übernahme neuer Werte* (original in Englisch: *Conduct, Knowledge, and Acceptance of New Values*, mit Paul Grabbe verfasst, 1945).
— *Die Forschung über Minderheitenprobleme* (original Englisch: *Research on Minority Problems*, 1946).
— *Aktionsforschung und Minderheitenprobleme* (original Englisch: *Action Research and Minority Problems*, 1946).

Kurt Lewin Werkausgabe (KLW)

Von den sieben geplanten Bänden sind zu Beginn der 1980er Jahre nur vier erscheinen. Die drei noch ausstehenden Bände werden nun aller Voraussicht nach leider auch nicht mehr erscheinen.
Band 1: *Wissenschaftstheorie I*, hg. von Alexandre Métraux, Bern und Stuttgart 1981. Enthält:
— *Über Idee und Aufgabe der vergleichenden Wissenschaftslehre* (1925).
— *Das Erhaltungsprinzip in der Psychologie* (aus dem Nachlass, eventuell um 1911).
— *Erhaltung, Identität und Veränderung in Physik und Psychologie* (aus dem Nachlass, eventuell um 1911).
— *Die Verwechselung von Wissenschaftssubjekt und psychischem Bewusstsein in ihrer Bedeutung für die Psychologie* (1914).
— *Psychologische und sinnespsychologische Begriffsbildung* (aus dem Nachlass, 1918).
— *Die Erziehung der Versuchsperson zur richtigen Selbstbeobachtung und die Kontrolle psychologischer Beschreibungsangaben* (aus dem Nachlass, um 1918).
— *Die zeitliche Geneseordnung* (1923).
— *Der Übergang von der aristotelischen zur galileischen Denkweise in Biologie und Psychologie* (1931; die englische Fassung *The Conflict Between Aristotelian and Galilean Modes of Thought in Contemporary Psychology* in: *A Dynamic Theory of Personality*, 1935).
— *Gesetz und Experiment in der Psychologie* (1927).
— *Vom Sinn statistischer Gesetze* (aus dem Nachlass, verfasst zwischen 1925 und 1931).

— *Die Typen und die Gesetze der Psychologie* (1929).

— *Carl Stumpf* (1937).

— *Cassirers Wissenschaftsphilosophie und die Sozialwissenschaften* (1947).

— Rezensionen (1920-1926).

Band 2: *Wissenschaftstheorie II*, hg. von Alexandre Métraux, Bern u. Stuttgart 1983. Enthält vor allem die vollständige Monografie: *Der Begriff der Genese in Physik, Biologie und Entwicklungsgeschichte* (1922). Sowie:

— *Wissenschaftslehre* (aus dem Nachlass, um 1925 bis 1928).

— *Über einen Apparat zur Messung von Tonintensitäten* (1922).

— *Ein verbesserter Zeitsinnapparat* (1926).

— *Ein zählender Chronograph* (1926).

Band 4: *Feldtheorie*, hg. v. Carl-Friedrich Graumann, Bern und Stuttgart 1982. Enthält (Texte, die sich auch in dem Auswahlband *Field Theory in Social Science* [1951] bzw. *Feldtheorie in den Sozialwissenschaften* [1963] finden, sind mit einem *Stern gekennzeichnet):

— **Formalisierung und Fortschritt in der Psychologie* (original in Englisch: *Formalization and Progress in Psychology*, 1940).

— **Konstrukte in der Feldtheorie* (original Englisch: *Constructs in Psychology and Psychological Ecology*, 1944, Teilübersetzung).

— *Mathematische Konstrukte in Psychologie und Soziologie*, mit Karl Korsch (original Englisch: *Mathematical Constructs in Psychology and Sociology*, 1939).

— *Vektoren, kognitive Prozesse und Mr. Tolmans Kritik* (original Englisch: *Vectors, Cognitive Processes, and Mr. Tolman's Criticism*, 1933).

— **Definition des »Feldes zu einer bestimmten Zeit«* (original Englisch: *Defining the »Field at a Given Time«*, 1943).

— **Feldtheorie des Lernens* (original in Englisch: *Field Theory of Learning*, 1942).

— *Feldtheorie und Experiment in der Sozialpsychologie* (original in Englisch: *Field Theory and Experiment in Social Psychology*, 1939).

— **Forschungsprobleme der Sozialpsychologie I: Theorie, Beobachtung und Experiment* (für die Anthologie *Field Theory in Social Science* [1951] resp. *Feldtheorie in den Sozialwissenschaften* [1963] aus verschiedenen Quellen zusammengestellt, original Englisch, 1943-1944).

— **Forschungsprobleme der Sozialpsychologie II: Soziales Gleichgewicht und sozialer Wandel im Gruppenleben* (original Englisch: *Frontiers in Group Dynamics: Concept, Method, and Reality in Social Science; Social Equilibria and Social Change*, 1947).

— **Psychologische Ökologie* (für die Anthologie *Field Theory in Social Science* resp. *Feldtheorie in den Sozialwissenschaften* aus verschiedenen Quellen zusammengestellt, original Englisch, 1942-1944).

— *Kriegslandschaft* (1917); auch in den *Schriften zur angewandten Psychologie* (2009).

— *Die Auswirkung von Umweltkräften* (1929).

— **Analyse der Begriffe »Ganzheit, Differenziertheit und Einheitlichkeit«* (original Englisch: *Analysis of the Concepts »Whole, Differentiation, and Unity«*, 1941).

Band 6: *Psychologie der Entwicklung und Erziehung*, hg. v. Franz E. Weinert und Horst Gundlach, Bern und Stuttgart 1982. Enthält:

— *Filmaufnahmen über Trieb- u. Affektäußerungen psychopathischer Kinder (verglichen mit Normalen und Schwachsinnigen)* (1926).
— *Kindlicher Ausdruck* (1927).
— *Gestalttheorie und Kinderpsychologie* (1929); auch in den *Schriften zur angewandten Psychologie* (2009).
— *Die psychologische Situation bei Lohn und Strafe* (1931; englische Fassung *The Psychological Situations of Reward and Punishment* in: *A Dynamic Theory of Personality*, 1935).
— *Umweltkräfte in Verhalten und Entwicklung des Kindes* (geschrieben in Deutsch, Erstveröffentlichung in Englisch: *Environmental Forces in Child Behavior and Development*, 1931, in: *A Dynamic Theory of Personality*, 1935; bei der deutschen Fassung handelt es sich ausdrücklich um eine Rückübersetzung).
— *Sachlichkeit und Zwang in der Erziehung zur Realität* (1931; englische Fassung *Education for Reality* in: *A Dynamic Theory of Personality*, 1935).
— *Eine dynamische Theorie des Schwachsinnigen* (1933; die englische Übersetzung *A Dynamic Theory of the Feeble-Minded* in: *A Dynamic Theory of Personality*, 1935).
— *Die Erziehung des Kindes* (das Original ist in Englisch verfasst: *Bringing Up the Child*, 1940).
— *Demokratie und Schule* (mit Gertrud [Weiss] Lewin, original in Englisch: *Democracy and the Schools*, 1941).
— *Regression, Retrogression und Entwicklung* (original Englisch: *Regression, Retrogression, and Development*, 1941, in: *Field Theory in Social Science*, 1951).
— *Frustration und Regression* (mit Roger G. Barker und Tamara Dembo, original Englisch: *Frustration and Regression*, 1943).
— *Jüdische Erziehung und Realität* (original Englisch: *Jewish Education and Reality*, 1944).
— *Verhalten als Funktion der Gesamtsituation* (original Englisch: *Behavior and Development as a Function of the Total Situation*, 1946, in: *Field Theory in Social Science*, 1951).
— *Psychologische Probleme bei der jüdischen Erziehung* (original Englisch: *Psychological Problems in Jewish Education*, postum 1947).
— *Gibt es individuelle Wissenschaften?* (posthum, 1925).

PERSONENREGISTER

Abdel-Samad, Hamed 43
Ach, Narziß 32, 36, 124
Adams, D. K. 84, 104, 137
Adler, Alfred 84
Adorno, Theodor W. 7, 38, 65, 66,
  97-101
Alexander, Bruce 55
Allport, Gordon 99, 138
Amin, Idi 44
Aristoteles 52
Banfield, Edward 45
Barker, Roger 47, 64, 139, 142
Bauer, Heijko 14
Beloate, Lauren 62
Benary, Wilhelm 14
Benjamin Ludy 13
Blackmore, Susan 92
Blankertz, Raoul 23
Bocian, Bernd 14
Bonner, Hubert 24, 77, 89
Born, Jan 91
Brand, Horst 38
Butler, Judith 24
Cartwright, Dorwin 12, 138
Cassirer, Ernst 12, 14, 21, 141
Castro, Fiedel 95
Chomsky, Noam 66
Cohen, Morris Raphael 116
Coleman, John 95f, 100f
Court, Jürgen 14
Crichton-Miller, Hugh 96
Dawkins, Richard 92
Dembo, Tamara 47, 64, 139, 142
Dewey, James 116
Dylan, Bob 101
Eilenstein, Harry 82
Einstein, Albert 82
Ellis, Willis 84, 103, 105, 115, 137
Elteren, Mel van 15, 23, 43, 97
Erhard, Ludwig 47
Estulin, Daniel 95, 97-99, 102

Falk, Raymund 137
Felser, Georg 38
Fränkel, Fritz 35
Frenzel, H. A. 138
Freud, Sigmund 16, 32, 50, 61, 63ff,
  66, 74, 78, 91, 98, 113, 116
Frey, Dieter 138
Fuhr, Reinhard 16
Galilei, Galileo 17
Gamm, Hans-Jochen 38
Garrett, Henry 24
Gołąb, Andrzej 14
Goldstein, Kurt 13f, 91
Goodman, Paul 14, 58, 65, 70, 72,
  103, 114, 116f, 118
Grabbe, Paul 61, 138, 140
Graumann, Carl-Friedrich 141
Gundlach, Horst 24f, 141
Hartmann-Kottek, Lotte 16
Hatonn, Gyeorgos 96
Hayek, F. A. 48, 99
Hefferline, Ralph 58, 103, 114
Hegel, G. F. W. 92, 98
Heider, Fritz 137
Heider, Grace 137
Herber, Hans-Jörg 23
Herbst, Ludolf 39
Hitler, Adolf 39, 97
Hoffmann, Thomas 14
Hoppe, Hans-Hermann 44f
Horkheimer, Max 7, 38, 97, 99, 138
Hull, Clark 23, 50
Hume, David 66, 124
Husserl, Edmund 12
James, William 83, 116
Janssen, Jan-Peters 14
Joël, Ernst 35
Jordan, Camille 71
Kierkegaard, Søren 7
Koffka, Kurt 12, 13
Köhler, Karin 14

143

Gabriele Blankertz
Kontakt gestalten: Wege zur Heilung
124 Seiten · [D] 12,80 € · edition g. 401

Stefan Blankertz
Die Geburt der Gestalttherapie
aus dem Geiste der Psychoanalyse
122 Seiten · [D] 12,80 € · edition g. 402

Stefan Blankertz & Cornelia Muth
Husserls Intuition und Levinas' Beitrag
124 Seiten · [D] 12,80 € · edition g. 404

Peter Philippson
Selbstwerdung
284 Seiten · [D] 19,80 € · edition g. 406

Stefan Blankertz
Massenpsychologie des Faschismus
152 Seiten · [D] 13,80 € · edition g. 407

Kurt Lewin
Die psychologische Situation bei Lohn und Strafe
120 Seiten · [D] 12,80 € · edition g. 409

Gabriele Blankertz (Hg.),
Gianni Francesetti, Alessio Zambon
Gestalttherapie in der Psychiatrie
124 Seiten · [D] 12,80€ · edition g. 410

Stefan Blankertz
Leb in Gesellschaft, die deine ist:
Wie die Gestalttherapie sich entwickelte
zwischen Berlin und New York
342 Seiten · [D] 20,00 € · edition g. 411

www.berliner-gestaltsalon.de
editiongpunkt.de